以新质生产力引领文旅产业新发展

马 晖◎著

吉林大学出版社

·长春·

图书在版编目（CIP）数据

以新质生产力引领文旅产业新发展/马晖著 .
长春：吉林大学出版社，2024. 9. –– ISBN 978–7–5768–
3825–1

Ⅰ . G124；F592.3

中国国家版本馆 CIP 数据核字第 202478JF17 号

书　　　名	以新质生产力引领文旅产业新发展
	YI XINZHI SHENGCHANLI YINLING WENLÜ CHANYE XINFAZHAN
作　　者	马　晖　著
策划编辑	殷丽爽
责任编辑	殷丽爽
责任校对	安　萌
装帧设计	守正文化
出版发行	吉林大学出版社
社　　址	长春市人民大街 4059 号
邮政编码	130021
发行电话	0431–89580036/58
网　　址	http://www.jlup.com.cn
电子邮箱	jldxcbs@sina.com
印　　刷	天津和萱印刷有限公司
开　　本	787mm × 1092mm　　1/16
印　　张	12
字　　数	200 千字
版　　次	2025 年 3 月　第 1 版
印　　次	2025 年 3 月　第 1 次
书　　号	ISBN 978–7–5768–3825–1
定　　价	72.00 元

2023 年 9 月，习近平总书记在黑龙江考察调研期间首次提出"新质生产力"的一词。此后，新质生产力的概念、内涵、核心要素和发展要求逐步得以丰富和明确。新质生产力是中国经济的高频词汇，市场对于新质生产力的讨论层出不穷。总的来说，相较于传统生产力，新质生产力具有颠覆性创新驱动、发展速度快、发展质量高等特点，是以智能技术和绿色技术为代表的新一轮技术革命引致的生产力跃迁成果。强调发展新质生产力的重要性，归因于新一轮科技革命和产业变革的深入推进，这为新质生产力的及其规模化、群体性迸发提供了新的契机，新质生产力成为推动经济高质量发展和建设现代化产业体系的强劲推动力、支撑力甚至是引领力。在许多地方、许多领域，发展新质生产力不仅会使生产率大幅度跃升，还会对生产力系统的功能升级和现代化产业体系建设产生"四两拨千斤"的影响。

随着科技的迅猛发展和产业结构的深刻变革，理解、认知和发展新质生产力已成为当下我国实现产业转型升级和高质量发展的内在要求和重要着力点。文旅经济的创新、低碳、高质量发展同样需要新质生产力的加持。

新时代，要高质量发展文旅产业，促进区域文化经济发展，就要充分发挥新质生产力的引领作用。新质生产力是与高质量发展相适应的先进生产力，其以创新与提质为核心主干，强调由技术的革命性突破、生产要素的创新性配置以及产业的深度转型升级所创造的高质量发展动能。新质生产力的特点是创新，关键在质优，其本质是先进生产力。文旅产业的发展注重文旅融合发展、智慧化与科技驱动、文旅品牌化和特色化，以及可持续发展和生态旅游等趋势，这些趋势都将以文旅新质生产力为基础和支撑，推动文旅产业的创新和转型升级。

文化和旅游业有鲜明的新质生产力特征，文化和旅游高质量发展的过程就是新质生产力不断生成和发展的过程。文化和旅游发展创新驱动和主导型的特征日趋凸显，人作为文化和旅游产业高质量发展第一资源的地位日益突出，科技创新对文化和旅游的全面赋能更加突出，科技革命为社会带来了文化、旅游营销和传播的革命，新媒体、自媒体等广泛应用是文旅火爆出圈的重要平台工具，为社会带来了文化和旅游资源保护、陈列展示和沉浸式体验的变革。正在快速形成"数据驱动"的文旅发展新模式，形成了以人为核心的文化和旅游高质量发展动力系统。文旅产业的未来，必然是高质量发展的未来。新质生产力的推动，将使文旅产业在安全、品质、创新等方面实现全面升级，进而为广大消费者带来更加优质、多元、个性化的旅游体验。

　　高质量发展文旅产业，要求我们通过因地制宜挖掘文旅产业发展新场景，借力技术驱动打造文旅产业发展新业态，并将文化资源优势高质量、高效率转化为文旅产业的发展优势；以新质生产力引领文旅产业高质量发展，根据地区性文化资源禀赋和文旅产业基础，进行文化生产，促进文化消费，打造地区性文旅产业发展新场景，从而释放地区文旅产业发展新动能。当前，新质生产力可以将数字技术与现代化信息网络全面运用于文化旅游产业中，一方面以先进技术为驱动，将流动的信息要素和四维的网络空间引入文旅产业生产、流通、消费全领域，系统推进文旅劳动者技术化、文化产品产业化和旅游产业规模化的文旅产业新型生态链的发展；另一方面，深化供给侧结构性改革，满足新时代群众对文旅产业的新需求，并提供技术含量高、安全保障好、文化创意佳和产品质量高的文化产品，在"互联网＋"战略下积极推动地区文旅新基建，利用大数据和区块链技术不断提升文旅服务质量，实现高水平供需平衡，推动文旅产业健康发展。

　　本书第一章为新质生产力及文旅新质生产力概述，分别从新质生产力内涵、新质生产力发展的相关关系、文旅行业新质生产力解读、文旅新质生产力的创新取向及思路四个方面展开了介绍；本书第二章为新质生产力赋能文旅产业高质量发展，依次从文旅产业高质量发展的理论基础、新质生产力与文旅产业高质量发展的关系、文旅产业先进生产动能的现实需求、新质生产力赋能文旅产业发展策略四个方面进行了分析；本书第三章为创新驱动系统引领文旅产业新发展，基于三个方面展开了介绍，分别是科技创新推动文旅产业数字化发展、生态创新促进文旅产业绿色发展、文化创新助力文旅产业高质量发展；本书第四章为深化产业融合引领文旅产业新发展，主要从文旅产业融合理论基础、构建现代文旅产业体系、打造高效能文旅产业链三个方面进行了分析；本书第五章为优化服务要素引领文旅产业新发展，主要从探索文旅产业服务空间、构建文旅产业服务平台、培育文旅产业服务项目、建设文旅产业服务队伍四个环节进行了研究。

　　在撰写本书的过程中，笔者参考了大量的学术文献，得到了许多专家学者的帮助，在此表示真诚感谢。由于笔者水平有限，书中难免有疏漏之处，希望广大同行及时批评指正。

马　晖

2024 年 4 月

目　录

第一章　新质生产力及文旅新质生产力概述

新质生产力是一种以创新为核心的先进生产力形态，它摒弃了传统的经济增长模式和生产力发展模式，遵循新时代的发展理念，即创新、协调、绿色、开放、共享。这种生产力的形成依赖技术的革命性进步、生产资源的创新性组织以及产业的深度改革和升级，其显著特征是全要素生产率的显著提升，强调的是质量的优越性，其实质是生产力的现代化和高级阶段。本章为新质生产力及文旅新质生产力概述，分别从新质生产力内涵、新质生产力发展的相关关系、文旅行业新质生产力解读、文旅新质生产力的创新取向及思路四个方面展开了介绍。

第一节　新质生产力内涵

在 2024 年的全国两会中，"新质生产力"成为热议的焦点词汇，这一概念最早可追溯至 2023 年 9 月，由习近平总书记在黑龙江省进行考察调研时首次提及，随即在全国范围内引起了广泛的讨论与关注。基于中共中央政治局第十一次集体学习时的阐述，新质生产力（New Productive Force）被定义为一种以创新为主导力量的先进生产力状态，它彻底摒弃了传统的经济发展模式和生产力发展轨迹，具备高技术、高效率、高质量的特性，完美契合新时代的发展理念。

目前，新质生产力所依托的新兴产业主要涵盖了高新技术产业、绿色经济、高端装备制造等领域，这些产业以其深厚的科技底蕴和卓越的创新力著称。新质生产力是当代先进生产力的一种表现形式，它的出现源自技术的重大革新、生产要素的创造性配置以及产业体系的深度改革与升级。它以劳动主体、劳动工具、劳动材料及其最优组合的质变为核心，以全要素生产率的显著提升为关键指标。

一、新质生产力的核心要素

（一）技术创新

作为新质生产力的基石，技术创新持续引领着生产模式的革新与进化，极大地提升了生产效能，同时实现了成本的有效控制。此外，技术创新还开启了新产品创制的大门，促进了产业结构的精进与转型，进一步巩固了经济的现代化与多元化。

（二）管理创新

管理创新作为新质生产力不可或缺的一环，扮演着优化企业架构与管理程序的关键角色，它致力于提升资源分配的精准度，可有效压缩管理开支。同时，管理创新还能够激活团队成员的创新潜能与工作热情，强化企业的市场适应力与竞争优势。

（三）人力资源

新质生产力的蓬勃发展离不开高素质的人才队伍。通过精心培育与吸引顶尖人才，建立科学的人才梯队，企业得以持续获得推动其向前发展的强劲动能。

二、新质生产力的外延体现

（一）数字经济

数字经济作为新质生产力的典范，借助大数据、云计算、人工智能等前沿技术的深度融合，引领着经济活动向数字化领域迈进，显著提升了经济运作的智慧化与自动化程度。

（二）绿色经济

绿色经济作为新质生产力的另一关键维度，着力于在经济增长的同时，强化对自然环境的呵护与自然资源的合理利用，追求经济繁荣与生态环境的协同共存。

（三）共享经济

共享经济通过巧妙地汇集与再分配未充分利用的资源，显著提升了资源的总体利用率，从而减轻了消费者的经济负担，同时为企业开辟了创新的商业模式和增长机遇。

三、新质生产力对经济社会发展的影响

新质生产力可在多个层面彰显其价值，对经济增长的催化、民众生活质量的提升及环境状况的优化皆可作出显著贡献。首先，在经济增长方面，新质生产力可通过创新驱动和革新管理模式，显著提升生产效能与产品质量，加速企业成长步伐，进而激发整体经济的活力与增长；其次，就提升民众生活品质而言，新质生产力的蓬勃发展促使一系列创新产品与服务应运而生，可迎合公众不断升级的消费需求，直接提升大众的生活满意度与舒适度；最后，在环境保护领域，新质生产力倡导绿色制造与资源的循环利用，致力于减少环境污染，促进生态平衡，可为实现可持续发展目标铺平道路，确保经济、社会与自然环境的和谐共进。

第二节　新质生产力发展的相关关系

发展新质生产力需要科学处理新质生产力与传统生产力、新科技与现有科技、求新求高与求真务实、有效市场和有为政府的更好结合与发挥有机社会作用、统筹高质量发展和高水平安全、新质生产力一般性与特殊性之间的关系。

以习近平同志为核心的党中央高度重视新质生产力发展。2012 年 11 月 15 日，在十八届中共中央政治局常委同中外记者见面时的讲话中，习近平总书记提出："我们的责任，就是要团结带领全党全国各族人民，继续解放思想，坚持改革开放，不断解放和发展社会生产力，努力解决群众的生产生活困难，坚定不移走共同富裕的道路。"[1]2023 年 9 月，习近平总书记率先提出"加快形成新质生产力"[2] 的要求，随后又多次就发展新质生产力作出重要指示。特别是 2024 年 1 月在中共

---

① 习近平. 必须坚持人民至上 [J]. 人民政坛,2024（04）：4-9.
② 国新办"推动高质量发展"系列主题新闻发布会黑龙江专场发布实录. 牢牢把握在国家发展大局中的战略定位奋力开创黑龙江高质量发展新局面 [N]. 人民日报, 2023-09-09（1）.

中央政治局第十一次集体学习时，习近平总书记强调"新质生产力是创新起主导作用，摆脱传统经济增长方式、生产力发展路径，具有高科技、高效能、高质量特征，符合新发展理念的先进生产力质态。它由技术革命性突破、生产要素创新性配置、产业深度转型升级而催生，以劳动者、劳动资料、劳动对象及其优化组合的跃升为基本内涵，以全要素生产率大幅提升为核心标志，特点是创新，关键在质优，本质是先进生产力……科技创新能够催生新产业、新模式、新动能，是发展新质生产力的核心要素。"[①]

近期，新质生产力的发展成为各级党委、政府以及社会各界关注的焦点。新质生产力作为科技创新驱动下产生的先进生产力形态，其重要性与日俱增，尤其是在全球科技革命和产业变革的背景下。然而，虽然其重要性被广泛认可，但在政策制定和实践操作层面，仍存在一系列亟须解决的关键问题。

一、新质生产力与传统生产力的关系

在经济发展的语境下，新质生产力和新兴产业通常占据较小的比例，尤其是在它们的成长初期，但这并不意味着它们的影响微不足道。相反，这些新质生产力和新兴产业往往在较发达的经济体中获得更快的增长，因为这些经济体处于更为肥沃的环境中，这有利于它们形成集群效应和连锁反应。然而，在追求新质生产力的同时，忽视传统生产力的重要性是不明智的。这样做可能会违背建立高标准市场体系的原则，以及强化竞争政策基础地位的目标，进而可能阻碍经济复苏和高质量发展的步伐。因此，虽然适度优先地支持新质生产力的培育是合理的，能促进创新和进步，但这种支持必须在公平竞争的框架内进行，以确保不会产生不正当的竞争优势。更重要的是，新质生产力不应被视为孤立的实体，而应被看作是推动传统生产力转型和升级的关键因素。通过新质生产力对传统行业的赋能，我们可以实现整个生产力系统的整体优化，从而构建新旧并蓄、相互促进乃至协同发展的生态。在许多情况下，传统生产力可为新质生产力提供基础和资源，同时这也是其服务的对象，两者之间的关系并非简单的替代，而是互补与共生。将

① 习近平.发展新质生产力是推动高质量发展的内在要求和重要着力点 [J]. 中国新闻发布（实务版）,2024（06）：3-5.

发展新质生产力简单化为"换赛道"的观点是片面的，它忽略了新旧生产力之间复杂的互动关系。习近平总书记在许多重要讲话中都提出，要"开辟发展新领域新赛道，不断塑造发展新动能新优势"①。开辟新的发展领域和赛道，并非意味着彻底抛弃原有的领域或赛道，转而完全投入新的方向。这一过程更多指的是在现有基础上的扩展和深化，即在不忽略原有领域的同时，探索和培育新兴领域，以实现更全面、更均衡的发展。

二、新科技与现有科技的关系

想要发展新质生产力，科技创新是核心要素。在《新质生产力：发展新动能》中，洪银兴、高培勇等学者认为，"只是产生量变的科技创新还不是新质生产力，只有能够产生质变的科技创新才能称为新质生产力。"②然而，这实际上是对科技的狭义理解，不利于我们拓展推进高质量发展和现代化产业体系建设的思路。习近平总书记强调"发展新质生产力是推动更高质量发展的内在要求和重要着力点""新质生产力已经在实践中形成并展现出对高质量发展的强劲推动力、支撑力"③。

优化和集成现有科技，若能引发技术效能的重大革新、生产要素的创造性重组，或是促进产业的深度改革与升级，从而显著提升生产力系统性能或生产效率，同样可被视为新质生产力的形成。实际上，这一路径不仅蕴藏着巨大的潜能，还能在科技向产业转化的过程中，以较低的成本取得较高的成效。从实际操作层面看，这种模式对于加速科技成果的商业化和产业化具有显著效果。许多国家之所以重视科技成果转化及产业化进程，较大程度上是因为其认识到，通过这种方式可以有效地将科研成果转化为实际生产力，促进经济的快速发展。这种方法不仅能够激发传统行业的新生力量，还能够为新兴产业的崛起奠定坚实的基础，最终实现整个经济体系的升级与转型。

---

① 习近平.高举中国特色社会主义伟大旗帜为全面建设社会主义现代化国家而团结奋斗——在中国共产党第二十次全国代表大会上的报告 [N].人民日报，2022-10-26（001）.
② 洪银兴，高培勇.新质生产力：发展新动能 [M].南京：江苏人民出版社,2024.
③ 中国共产党新闻网.加快发展新质生产力 扎实推进高质量发展 [EB/OL].（2024-02-02）[2024-04-10].https://jhsjk.people.cn/article/40171526.

三、求新求高与求真务实的关系

聚焦中国式现代化的核心目标，即经济的强劲增长和高质量发展，要求我们在战略规划上高度重视新质生产力的培养与发展。这意味着我们既要积极推动新兴产业和未来导向型产业的壮大，也要有步骤地促进传统产业的现代化转型，并构建一个由新质生产力领航，传统生产力同步升级的多元化、分阶段、空间协同的发展架构。

在这一过程中，我们须谨记，推动新质生产力的发展不应陷入盲目追求高度和速度的陷阱，以避免使其理论化或缺乏实质，或不经深思熟虑就将其作为标签随意加诸各类项目之上。即便是那些具有革命性、尖端性和首创精神的技术，我们也必须确保它们能切实对接公众的需求，融入日常生活，面向经济发展的主渠道，响应国家的重大诉求，以及优先考虑人民的生活品质和健康状况。否则，无论技术多么前沿，若远离了市场的真实需求，其实际价值和应用效果必将遭受重大质疑。

回顾全球经验，即便是在科技驱动的生产力变革中，也常会出现"最先进未必最适用，最适用未必最先进"的情况，高新技术的采用并不直接等同于企业竞争优势的增强。因此，在推动新质生产力的进程中，我们应警惕并避免这种"先进性与实用性脱节"的现象出现，以确保科技创新既前沿又实用，真正成为推动经济社会高质量发展的强大动力。部分企业的创新并不一定源于制度化的内部研发活动，而可能从企业自身或外部现有可供选择的方案或技术的新结合中产生，甚至国家与企业的可持续发展，不仅来自通过高研发投入带来的持续竞争力，还有非研发企业、非研发密集型企业积极创新带来的持续竞争力。在培育新质生产力的过程中，我们应当坚持实事求是、注重实际效果的原则。倘若将此视作单纯提升经济指标或达成政绩目标的潮流手段，那么这种做法不仅与高质量发展的初衷南辕北辙，我们也无法称之为真正意义上的新质生产力发展。

四、有机社会作用与有效市场的关系

《中华人民共和国国民经济和社会发展第十四个五年规划和 2035 年远景目标纲要》强调了市场机制与政府作用的双重重要性，倡导构建一个市场有效、政

府有为的协同发展模式。这一理念的核心在于激发社会各层面的活力，特别是行业协会、产业联盟和平台型企业，使其成为连接政府与市场的关键纽带，从而优化行业治理结构，催化市场主体培育新质生产力的能力。

具体实施时，我们应积极引导行业协会、产业联盟及平台型企业扮演行业公共物品供应商的角色，致力于塑造行业形象，完善创新生态，降低新质生产力开发和推广的门槛与风险。例如，我们可通过激励龙头企业的示范效应，引导产业链上下游企业形成紧密的合作网络，以确保整个产业链条上新质生产力的均衡发展。

同时，我们应鼓励产业链内部多元主体开展标准化协作与品牌联合建设，打造利于产业跨界融合、数字经济与实体产业深度融合的共享平台。这不仅有助于加速新质生产力的扩散和应用，还能促进产业链上下游的协同创新，进而提升整个产业的综合竞争力和适应性，最终实现经济的高质量增长。

五、高质量发展和高水平安全的关系

全球正经历前所未有的重大转变，外部环境的复杂度、严酷性和不可预测性不断攀升，与此同时，我国内部面临的结构性、周期性及体制性挑战错综复杂。尤其值得关注的是，以美国为首的某些发达国家对中国实施高科技封锁，甚至将竞争领域从科技延伸至金融，这加剧了局势的紧张。加之新一轮科技革命与产业变革的迅猛推进，科技向产业转化的速度加快，但这一过程的复杂性和不确定性也随之增强，使得"黑天鹅"事件（难以预测的小概率高影响事件）和"灰犀牛"事件（大概率且影响巨大的潜在危机）发生的可能性显著上升。鉴于此，高质量发展与高水平安全之间的良性互动显得尤为关键和迫切，这要求我们在提升产业链供应链的创新力、竞争力和可持续性的同时，也要增强其韧性和安全性。例如，人工智能作为驱动新一轮科技革命和产业变革的核心技术，其影响力和辐射范围广泛，堪称培育新质生产力的战略性支撑。但除金融等少数领域外，在多数产业链供应链中，人工智能技术的应用在总体上仍处于起步阶段，缺乏成熟的商业模式。因此，至少在当前乃至今后较长时期内，如何将推进人工智能技术赋能新质生产力与提升产业链供应链韧性、安全水平结合起来，以及将推进新质生产力高质量发展与增强其在逆境中承受、适应和快速修复的能力结合起来，仍是我们需要高度重视的一个突出问题。在发展市场经济条件下，高收益往往是与高风险相伴而生的，没有风险的高收益通常是很难存在的；惧怕风险又要追求"安全最大化"，很可能导致高质量发展落空，更难以持续。因此，在发展新质生产力的过程中，我们要谨记"发展是第一要务，安全是底线要求"，统筹推进高质量发展与高水平安全。

六、新质生产力一般性与特殊性的关系

在培育新质生产力的过程中，我们既要恪守其内在逻辑与通用原则，又要敏锐洞察其在要素特质、要素整合方式以及对产业链供应链独特需求上的个性特征，以防出现方向性的偏差。例如，推进现代服务业同先进制造业、现代农业的深度协同，是锻造新质生产力的关键步骤。这样的跨领域协同不仅可促使科技、资本、人才、数据等前沿要素深植于产业链供应链之中，还能激发生产力要素的质变，实现生产力体系效能的整体跃升。

但在实施这一协同策略时，我们务必全面考量各行业自身的属性及其个性化的发展诉求，以及在融合过程中可能遭遇的不确定性与潜在挑战。特别是当现代服务业与农业相融时，我们必须时刻关注生物生长周期及生态平衡的规律，确保融合举措既符合科学原则，又能真正增强农业的生产效率与环境可持续性。

第三节　文旅行业新质生产力解读

习近平总书记在中共中央政治局第十一次集体学习时强调"发展新质生产力是推动高质量发展的内在要求和重要着力点""新质生产力已经在实践中形成并展示出对高质量发展的强劲推动力、支撑力"[1]。习近平总书记关于新质生产力的精辟论断，为我国在新时代背景下全面实施创新驱动发展战略、加速产业链供应链的现代化、均衡区域经济发展、加速战略性新兴产业发展和未来产业集群的培育、深化数字经济的革新、提高文旅产业的品质与国际竞争力，以及塑造中国在全球视野下"可信、可爱、可敬"的国家形象，提供了坚实的理论指导和行动指南。

---

[1]　中国共产党新闻网.加快发展新质生产力 扎实推进高质量发展 [EB/OL].（2024-02-02）[2024-04-10].https://jhsjk.people.cn/article/40171526.

新质生产力以创新为主导驱动力，它标志着当下经济模式对传统经济增长模式和生产力发展模式的超越，具备高技术含量、高效率、高品质的特征，并且完全契合创新、协调、绿色、开放、共享的新发展理念。其核心在于劳动者的素质提升、劳动工具的智能化与自动化、劳动对象的优化选择，以及这些要素之间的高效协同。新质生产力的显著标志是生产效率的显著提升，其精髓在于持续地创新，追求的是卓越的质量，它实质上代表了生产力发展的高级阶段——先进生产力的崭新形态。

2024 年全国文化和旅游产业发展工作会议明确提出，推动文化和旅游产业发展是发展新质生产力的重要动能和实现高质量发展的重要着力点。文旅产业如何在新质生产力重大理论创新的指引下，实现文旅产业新质生产力的赋能增长、转型升级、协同创新和高质量、可持续发展，成为业界共同关注的话题和研究热点。文旅新质生产力以国家战略性新兴产业和未来产业为载体，可更好赋能以实现文旅产业数字化转型和数字化文旅产业升级。数字经济时代下的文旅新质生产力发展所培育和壮大的数字消费，将成为我国扩大内需、实现中国经济高质量增长的重要引擎。

一、文旅新质生产力的概念与内涵

（一）文旅新质生产力的概念

文旅新质生产力，作为新质生产力体系中的独特一脉，标志着文化与旅游业在数字化浪潮下的一次深刻变革与高度整合，它是高端制造业与现代服务业并行不悖、共同进步的鲜明体现。根植于创新动力，文旅新质生产力摒弃了过往的增长模式，紧随高质量发展的步伐，呈现出与数字时代相契合的综合能力和创新精神。它的勃兴，昭示着文旅融合即将步入更为成熟的可持续发展阶段，勾勒出了一幅在"人工智能 +"催化下，中国文旅产业全方位、深层次发展的壮丽画卷。

从新质生产力的视角出发，文旅新质生产力被诠释为：以科技革新为核心驱动力，立足于新一代信息科技的坚实地基之上，置身于数字经济的浩瀚海洋，追求文旅融合的高技术密集度、高产出效能、高水准游客体验及绿色低碳环保，可展现在新发展理念引领下文旅产业的现代化、高端化面貌。

文旅新质生产力并非无源之水，它在传统文旅生产力的沃土中孕育成长，经历了一个从传承到革新、从量变到质变的进化过程。其"新"字的含义，深深植根于高端制造业与现代服务业之间的创造性转化与跨界协作之中。文旅新质生产力重视科技赋能的作用，以场景互动为纽带，融入了尖端科技、智慧装备、沉浸式体验与创新业态，可带动从业者的专业素养提升、作业工具的智能化升级、资源的精挑细选及要素配置的优化调整，由此促成文旅产业生产力的指数级跃升，进而能开辟一条充满活力与前景的新路径。

文旅新质生产力力求摆脱传统经济增长方式和传统生产力发展路径，它的"质"主要体现在文化、体验和服务的全方位提升和高质量发展方面，强调以数字化和智能化应用实现产业模式变革，以科技、文化、创意融合丰富内容供给，以注重生态环境保护实现可持续发展，以文化自信引领文旅高水平开放，旨在构建绿色低碳循环的文旅高质量发展经济体系。

（二）文旅新质生产力的内涵审视

1. 基本理念
（1）文化自信理念

文旅新质生产力坚定文化自信，坚定不移地行进在中国特色社会主义道路上。文化自豪感根植于人们对中华古老文明深厚底蕴的认同与自信，培育新质生产力并非意味着摒弃传统行业或质疑我们的文化遗产。相反，在促进文旅新质生产力的过程中，我们应当坚定文化根基，保持开放心态，持续守正出新，要矢志不渝地沿着中国特色社会主义文化的康庄大道前行。

（2）生态文明理念

文旅新质生产力始终将生态环境保护置于首位，珍视自然、生态与文化的系统性、稳定性及多样性，可确保文旅资源与自然环境之间的和谐共生；可倡导低碳环保旅游，努力降低碳足迹和资源消耗；可加强生态修复与文化遗产守护，确保文旅进步与生态文明建设同步并进；可传播生态和谐理念，持续深化生态文明实践。

（3）创新发展理念

文旅新质生产力遵循"创新、协调、绿色、开放、共享"的新发展理念，可不断激发文旅产业的创新活力，深化文旅与科技、经济领域的交融互促，激活文化遗产的保护、传承与革新潜力，助力文旅产业向绿色、可持续方向转型升级，增强文旅行业的全球竞争力，有助于我们塑造文旅大国的亲善形象，实现文旅成果的全民共享。

（4）可持续发展理念

文旅新质生产力秉持经济效益、社会福祉、环境质量、文化延续与全球协作共赢的持续发展观，运用数字化革新、技术迭代与政策导向等手段，全方位推动文旅产业平衡、稳健、绿色的成长态势。同时，它通过文旅新质生产力的培育，可为文旅行业注入持久动能，确保其在新时代背景下的繁荣兴盛与国际影响力。

2. 基本原则

发展文旅新质生产力，要坚定文化自信、生态文明、创新发展和可持续发展理念，具体要遵循以下 5 个原则。

（1）生态优先原则

注重生态环境保护和可持续利用，以新质生产力推动文旅产业向生态友好型方向转变。

（2）融合发展原则

坚持高端制造业升级与现代服务业融合发展，以新质生产力引领文旅产业发展新路径。

（3）区域协调原则

坚持区域协调发展战略，以新质生产力推动文旅资源互补融合，形成合力。

（4）以人为本原则

坚持以人民为中心，提升服务水平和质量，鼓励文旅资源多元化开发，不断满足人民群众多样化、个性化的需求。

（5）传承创新原则

加强中华优秀传统文化的传承与创新，以新质生产力满足文旅产品和服务。

二、文旅新质生产力的供需特质

新质生产力作为创新驱动的产物，以数字化、网络化和智能化为核心特征，可通过科技的深度融合，颠覆传统增长模式，推动产业的深度转型与升级。相较于传统生产力，其不仅技术密集度更高，而且产业支撑力更强，可凭借突破性技术革新，显著提升生产效率与服务质量。在数字时代背景下，文旅业的数字化转型已成为推动行业高质量发展的关键路径，而新质生产力正是这一转变的核心驱动力。

文旅体验的即时生产与消费特性，在过去受限于信息不对称，易导致供需双方难以精准匹配。但数字经济及其广泛应用正在重塑旅游业，为消费者赋予了更多主导权和选择自由，有效缓解了信息不对称的问题。因此，理解文旅新质生产力的本质，需要从供给与需求双重视角出发，既要深化供给侧结构性改革，也要激活需求侧潜力，以消除文旅供需链条上的障碍，探索新质生产力的实践模式与实施路径。这将促进旅游业形成"需求引导供给，供给激发需求"的高水平动态平衡，增强文旅经济体系的整体效能，从而构建更加高效、协调的产业发展格局。

（一）在供给侧方面具有创新驱动性

在数字经济时代，创新是文旅行业发展的核心动力。2024 年初启动的《"数据要素 ×"三年行动计划（2024—2026 年）》中的"数据要素 × 文化旅游"计划，目标是通过数据资源的开放共享和市场化，加速文旅行业升级。这将实现文旅资源的高效整合，提升运营效率，并引入个性化与沉浸式体验，重塑消费模式，为行业未来开辟广阔前景。借助人工智能、信息技术、元宇宙等前沿科技的突破与应用，文旅新质生产力将加速驱动形成文旅新业态、新发展模式，推动文旅业进入新发展阶段。

（二）在需求侧方面具有更强的人本内涵特性

对经济发展质量的衡量以其最终能否满足人民日益增长的美好生活需要为判断准则。一般经济学理论研究多偏重采用抽象的方法获得普适性较强的结论，而具象性特征较强的"质量"问题易被淡化或忽略。旅游研究过程中的数理化、模型化倾向，也使得研究者有意识地忽略了复杂的"质量"因素。但从经济学视角看，能否有效满足消费者的实际需要是衡量产品质量的关键，因此，产品质量不仅关乎生产技术，而且其关键落脚点应该是满足消费者需求的合意性。

作为生产力的最新形态，文旅新质生产力的功能在于实现更高质量的发展。所谓旅游业质量，可以被界定为旅游供给内容及结构与旅游者实际需求的使用价值之间的适配性，也表现为能更有效地满足旅游者需求的质量合意性。因此，衡量旅游业高质量发展的标准在于其是否满足了旅游者的消费需求。文旅新质生产力的发展导向包含强烈的人本内涵，旅游业发展强调旅游的生产活动以满足旅游者的多元化和精细化需求为根本，旅游者是旅游产业链元素组合、产品和服务创新等价值创造的合作生产者，在旅游生产的各个环节中愈益凸显出积极的主动性作用。

产业链治理是文旅新质生产力形成的重要机制。文旅新质生产力构造的产业链治理结构是一种典型的"消费者反馈型"新型治理结构。实际上，经典竞争理论尚不能解释文旅新质生产力下广泛发生的平台包络现象，文旅产业链可通过"数据"和"旅游"要素的"供给端范式"转向通过"数字平台"等新质生产力支撑的"需求端范式"。与传统旅游产业链的运作逻辑不同，文旅新质生产力构造的文旅产业链是以用户为基点的"逆向"构建过程，可通过"消费者旅游需求—网络效应激发—旅游产品和服务供给"机理链建立起新型旅游产业链。由此，旅游消费者成为文旅新质生产力构造的旅游产业链元素组合、产品和服务创新等价值创造的合作生产者，在产业链运作中愈益凸显出积极的主动性作用。消费者通过分享攻略和点评产品等方式表达消费的需求，可对旅游产业链上的产品和服务供需机制产生巨大影响。基于用户生成内容技术，消费者需求的引导作用被延伸到潜在文化和旅游市场，激发了其他消费者需求，实现了将消费者主导性作用从单向的内部服务过程向整个旅游产业链的拓展。因此，文旅新质生产力构造的旅游产业链需要重新界定和认识消费者角色，关注消费者在旅游产业链中的地位和作用。

（三）在连接供给侧与需求侧方面具有强大的融合特性

在传统的旅游生产模式中，旅游业的供给主体借助中间商向需求主体提供产品和服务，其生产与消费常常"脱节"。作为生产力的最新形态，文旅新质生产力超越了传统地理空间范畴的场域维度，依托人工智能、大数据、云计算等技术以及相应的数字信息基础设施，在将数据作为重要生产要素的过程中，能够更好地连接旅游供给侧和需求侧，具有快速传播、极速反馈和有机融合的天然特性。

数字化是新质生产力的基本形态。文旅新质生产力一定程度上凸显了供需两侧的信息交互特点。数字经济特别是互联网技术降低了旅游供需两侧沟通的信息成本，通过信息平台，旅游业可在既有资源基础上主动或被动地利用数字经济手段对旅游业进行重构，优化旅游产品和服务体系，形成新的价值体系，为消费者带来新的价值体验。此外，旅游产品或服务要素供给者围绕旅游者需求形成了多元链接的虚拟关系，使旅游产业链突破了时空的束缚，不仅能更及时、方便、准确地传递旅游产品和服务信息，激发和提升消费者的个性化文化与旅游需求，而且有利于供给方有针对性地为消费者设计和创新旅游产品与服务。综上，文旅新质生产力可以创新和改进旅游产业链供需双方的合作生产关系，建立有效的协调和优化机制，提升旅游产品和服务质量，改善消费者体验，提升消费者满意度。

三、新质生产力和文旅业的发展内涵存在耦合性

（一）更高素质的劳动者也是文旅产业路上的排头兵

在文旅产业的高质量发展中，人作为生产力的核心驱动力，其重要性愈发凸显。随着新技术的融入，如数字化、智能化等，对从业者的能力要求显著提高，这不仅包括硬技能，还包括软实力（如创造力、跨文化交流能力等）。在这一背景下，优质的旅游体验往往由无形服务的质量所决定，而这种质量直接关联到服务提供者——劳动者的专业能力和个人素养。

为了打造一支高素质的文旅人才队伍，构建一个系统化的人才培育框架显得尤为关键。这需要我们从教育和培训两个层面着手，一方面注重对旅游人才的专业技能进行深度开发，另一方面强化其综合素质的培养，尤其是对于数字技术的掌握、创新思维的培养及国际化的视野拓展。通过这样的方式，我们能够培养出一批既懂技术又善于创新，还能在全球化背景下灵活应变的复合型人才，以应对文旅市场日新月异的变化。

此外，随着旅游市场需求的不断升级，市场对服务人员的要求也水涨船高。因此，持续的职业培训成为必不可少的一环，它能确保服务团队与时俱进，掌握最新的行业动态和服务标准，从而为游客提供更加个性化、专业化的服务。这样的人才战略不仅能满足文旅产业的多层次需求，更能引领整个行业向着更加成熟、高端的方向迈进。

（二）更高技术含量的劳动资料也是文旅产业的工具保障

生产工具科技化是现代生产力区别于传统生产力的显著特征，其催生了智能化、高效、环保且安全的新装备，减轻了劳动负担，拓展了生产范围，为新生产力奠定了基础。在文旅产业的高质量发展中，优化劳动资料与科技革新至关重要，尤其是在满足日益精细的旅游需求上。利用新一代信息技术、先进制造与材料科技，我们可创造更吸引人且契合市场需求的旅游体验。

以文创 IP 为例，我们可通过科技手段将文化遗产转化为无形资产，实现文化与商业价值的最大化。这不仅能提升旅游产品的独特性和竞争力，还能促进文化的传承与创新，加速文旅产业的升级，推动旅游经济的持续健康发展。

（三）更广范围的劳动对象也是文旅产业的业态创新库

劳动对象是生产活动的基础和前提。得益于科技创新的广度延伸、深度拓展、精度提高和速度加快，劳动对象的种类和形态得到了较大拓展。比如，数据作为新型生产要素成为重要劳动对象，既能直接创造社会价值，又可通过与其他生产要素的结合、融合进一步放大价值创造效应。如此更广范围的劳动对象可映射到旅游业上，形成层出不穷的多元业态。

更广范围的旅游劳动对象的挖掘和确定即新业态的有序发展，而变局中的新旅游，就是要在以往"旅游+"的基础上，通过旅游赋能，扩大劳动对象范围，以"+旅游"的发展方式全面推进经济结构的调整和经济社会的发展。我们要推进"旅游+"和"+旅游"，促进旅游与文化、体育、农业、交通、商业、工业、航天等要素领域的深度融合，打造新型旅游消费目的地。

第四节 文旅新质生产力的创新取向及思路

一、文旅新质生产力的创新取向

随着社会经济的发展和旅游市场竞争的白热化，游客对旅行体验的期待已超越基本层次，转变为追求更加个性化和深度的体验。传统旅游业的局限性越来越明显，难以充分响应这些高级别的需求。在此背景下，新质生产力作为旅游业改革与升级的关键驱动力，承载着重塑行业格局的重任。鉴于新质生产力根植于数字经济时代，我们可以从数字经济发展角度探讨其如何应对旅游业面临的挑战。

新质生产力代表了一种与高质量发展目标相匹配的先进生产模式，聚焦于创新与品质提升，其本质在于技术的颠覆性创新、生产要素的创造性整合，以及产业结构的深层次变革，旨在共同激发高质量发展的潜力。在文旅产业面临转型升级的紧要关头，如何优化资源配置、推动业态创新、深化科技融合及破除市场壁垒成为亟待破解的难题。"新质生产力"的概念不仅为文旅产业的高质量发展提供了理论支撑，也为其指明了实践路径，旨在通过技术创新、业态革新和市场机制优化，推动文旅产业迈入更加成熟和可持续的发展阶段。

（一）文旅新质生产力助推旅游数字生产创新

文旅新质生产力，依托 AI、大数据与云计算，正在旅游业催生从数字化至智能化的转型。这一转型不仅强化了旅游数字基础设施，还使行业能更精准高效地满足市场需求。随着 VR 和 AR 等沉浸式技术的普及，文旅业态得到了革新，这加速了产业结构升级，体现了技术对产业升级的推动力，开启了智慧文旅的新篇章。

当前，我国的旅游需求体现为"模仿型排浪式"特征逐渐减弱，1980 年前后出生的年轻人及其新型的生活方式和价值观主导了旅游市场的发展方向，以休闲、自助、个性化为特征的新需求逐步取代以观光、团队、标准化为特征的传统需求。旅游者需求的变化创造了更多的细分市场，促使旅游产业体系发生与之相适应的变革。在此背景下，党的二十大报告提出坚持以文塑旅、以旅彰文，推进文化和旅游深度融合发展，文旅融合既是旅游业更新与转型发展路径，又是其高质量发展的关键路径。但是，我国传统旅游业发展模式暴露出文化产业市场化及市场主体活力不强、旅游产品同质性高及竞争手段与模式较为单一、旅游产品价值创新及创造能力偏低等诸多问题，导致我国文化产业和旅游产业融合层次较浅、模式单一，这制约了文化产业和旅游产业融合的进一步发展，阻碍了旅游者需求的实现和满意度的提升。

文旅新质生产力无疑是摆脱传统旅游业发展困境的关键机遇。数据等文旅新质生产力技术或要素渗透、扩散、融合到文化和旅游产业中，一方面改变了文化和旅游产业的技术路线及生产成本函数，另一方面使得文化和旅游产业之间具有了共用的技术、交流和融合平台。由此，文化和旅游产业内及产业间不同行业的业务、组织、管理发生了优化整合，改变了原有的产品和市场需求特征，逐步催生了新产业属性及新型产业形态，形成了实实在在的文旅新质生产力。传统旅游业也由此得以调整原有业务，积极发展与数字经济相适应的新业务，丰富文化和旅游产业经营的内容和形式，从而为人们提供新的文化和旅游产品及服务，以更好地满足旅游者的需求。

（二）文旅新质生产力强化旅游产业链协调发展

文旅新质生产力的核心在于数据要素的整合与激活，以及数字技术在旅游价值链各个环节的深度融合。通过实施全方位的数字化管理，它能够有效破解旅游业发展中的结构性问题，如不平衡与不充分的发展状况。具体而言，数据与技术的结合重塑了旅游产业链的组成与运行逻辑，可对传统的业务流程进行革新，进而重新定义了产业链的形态和运作模式。

价值链（value chain）概念最早由迈克尔·波特（Michael E.Porter）于 1985年提出，他认为每一个企业都是在设计、生产、销售、发送和辅助其产品的过程中进行种种活动的集合体，所有这些活动可以用一个价值链来表明。波特在 1998年深化了他的理论体系，引入了"价值体系"的概念，并将分析的范畴延伸到了企业之间的相互作用。在文旅新质生产力的推动下，一系列与旅游相关的创新性生产和经营活动正在重塑产业链的演变轨迹。这一过程不仅涉及传统旅游边界的变化、既有产业链的重组，以及新兴旅游竞争优势的塑造，更重要的是，它使旅游与文化、体育等领域的界限变得日益模糊，各产业间开始出现深度的交集、渗透与整合，最终催生出全新的产业形态。

文旅新质生产力构造的旅游产业链本质上是一种新型的产业内分工。就文旅新质生产力推动的文旅融合而言，其实质是旅游产业链、文化产业链在文旅融合产业链中的双重嵌入。对于属地特征明显的文化产业链而言（比如各地不同的特色文化），其在文旅融合产业链中的嵌入必然带有一定的地域色彩；而对于属权特征较强的文化产业链而言（比如主题乐园等），其在文旅融合产业链中的嵌入则呈现出更为灵活和多元的特色。由此，文旅新质生产力创新了文化和旅游产业在文旅融合产业链的嵌入方式，形成了文旅融合的不同模式。当文化和旅游产业通过模块整合、产品创新、功能升级等路径不断丰富文旅融合产业链体系时，其市场主体不仅能促进旅游产业走出同质化的低水平陷阱，实现产业链的升级与优化，以更好地满足消费者需求，而且能从文旅融合产业链中获取相应的网络权力和超额利润。

此外，文旅新质生产力可以助力形成旅游产业链的"鲁棒性"。所谓旅游产业链的鲁棒性，指旅游产业链抵御各种干扰及风险、保持旅游产业链结构柔性和运作机制稳定性、有效地为消费者提供旅游产品或服务、形成有效协同演化机制和可持续发展的能力。比如，以数字经济为核心的旅游产业链各主体间存在多元链接关系，且多元化的旅游业要素供给企业在为消费者服务的过程中与数字经济存在多种关系。这具体表现为消费者与核心企业之间的交易关系、旅游产品提供者之间的合作关系、旅游产品提供者和消费者之间的主客关系，以及政府、社区、非营利组织等利益相关者之间的互助关系，数字经济、消费者与旅游地公共服务供给部门之间的保障关系。作为市场经济的主体，旅游产业链上的旅游产品或服务供给主体在经营和管理过程中应积极利用数字经济等新质生产技术，拓展旅游产品或服务信息系统的可访问范围，优化消费者需求等信息数据采集及旅游产品或服务信息的传递流程，有效开展旅游产品或服务创新、远距离客户关系维护及其他日常运行工作，提升旅游业务效率和服务水平。

数字经济环境下，消费者需求取向逐渐多元化，旅游新潮不断涌现，旅游产业链内容呈现出多元化发展的趋势，其构成要素逐渐延伸到为消费者提供旅游产品或服务的一切旅游业要素。基于消费者的多元化和精细化需求，旅游产业链以新质生产力为载体将消费者需求所涉及的旅游业要素（包括有形商品和无形服务）有效地集成在一起，可以拓展旅游产业链的边界，创新和重塑旅游产业链主体间的分工与协作关系。

（三）文旅新质生产力延伸和创造新的旅游产品和体验

新质生产力可以创新旅游产品，丰富旅游体验的维度，这具体体现在旅游服务新质化、旅游管理新质化、旅游营销新质化和旅游产品新质化等重要领域。

文旅新质生产力利用其掌控的信息资源，可以纵向整合旅游产业链各个环节的业务，改变旅游信息收集、传播的方式，还可把信息要素从传统旅游经济体系中解构出来，形成各种创新组合，打破原有的旅游产业边界，丰富旅游产品和服务。

通过引入人工智能、大数据分析、虚拟现实等技术，文旅新质生产力可以助力我们打造更加个性化、沉浸式的旅游体验，可以为游客提供更便捷的线上预订、导航服务，也可以通过数据分析为其推荐个性化的行程安排，满足其多元化的旅游消费需求。其中，沉浸式旅游体验新空间可以被看作旅游产品新质化的创新模式之一，它主要利用增强现实、虚拟现实、人工智能等数字科技，融合文化创意等元素，是能在旅游景区、度假区、产业园区、休闲街区、博物馆等场所，通过文旅融合、虚实结合等方式，为游客提供深度参与和互动体验的一种旅游产品和消费场景。

二、文旅新质生产力引领文旅产业发展的思路

文旅产业的新质生产力是在科技革命与消费升级的双轮驱动下，由创新的人力资本、丰富的文旅资源与革新的产业架构共同孕育的一种全新经济发展范式。这种模式立足于新颖的供给形式、多样的消费场景以及连接供需的现代化产业运行机制，可通过科技革新、服务创新与跨界融合等方式，锻造出一股全新的生产力。它催化了传统文旅行业的转型与升级，孵化了前所未有的业态、产品与服务，能精准对接消费者不断升级的个性化及多元化诉求。

面对文旅产业深陷结构调整期，须直面资源优化配置、业态重塑、科技深度整合及市场准入障碍等多重挑战的局面，新质生产力的构想不仅构建了理论框架，也明确了行动路线。它为文旅产业的高质量发展勾勒了一幅蓝图，指引着产业如何通过激活新质生产力，克服发展瓶颈，实现经济效益与社会效益的双重提升。

（一）促进战略性新兴产业与文旅深度融合

沉浸式、体验式与虚拟现实文旅项目的蓬勃兴起，凸显了文旅行业迫切需要转型与升级其生产力的本质。伴随着新一代信息技术、高端制造及数字创意等前沿产业的崛起，文旅行业获得了强化其新型生产力的稳固支撑。这种新型生产力，

以科技创新为航标，依托先进的信息技术，昭示着高端文旅设备将成为行业演进的核心驱动力，蕴含着较大的整合与创新空间。

高端文旅装备制造业，作为知识和技术双密集的新型文旅板块，完美体现了新生产力的高科技含量、高效率和高品质特性。当前，该行业发展的关键在于如何将高端制造与前瞻产业的创新结晶转化为文旅设备的市场优势。这要求我们加速自主研发关键核心技术，培育专注于文旅新型生产力的装备制造企业群体，并打造具有全球影响力的高端文旅装备产业群，以此增强全行业的国际竞争力。

此外，我们要推进新一代信息技术产业、高端制造业与文旅行业的深度融合，以适应沉浸交互、虚拟体验、智能应用等趋势，促进装备技术研发和改造升级。要促进文旅行业5G商用水平的提升，适度提前布局6G技术，开发高清交互、智慧景区、实时互动等应用场景；加快增强现实、虚拟现实、可穿戴设备、智能硬件、机器人服务、无人机等高新技术和未来技术在文旅装备中的创新应用；加快非物质文化遗产和传统文化的数字化保育，通过智能学习、个性化推荐、数字化保护修复、数字文化体验等赋能装备制造业升级。

另外，文旅新质生产力对于高品质、高附加值的产品和服务需求较大，这为战略性新兴产业提供了市场需求和发展机遇，战略性新兴产业的技术创新和产品升级，也为文旅产业提供了更多的升级支持和技术保障。战略性新兴产业与文旅行业的深度融合发展，将进一步促进产业深度转型升级，以提升文化和旅游装备研发设计、生产制造水平，加快形成国产高端文旅装备的核心竞争力。

（二）构建文旅产业数字化和数字文旅场景

文旅新质生产力基于数字经济浪潮下的文旅数字化和数字化文旅的集中场景展示来重塑用户体验和交互方式。文旅数字化与数字化文旅将重构产品供给能力、客户服务能力和消费行为能力，进而给文旅产品体系、供给结构和场景构建带来重大变革。从直播到短视频的兴起、微信公众号到小红书的爆火，数字化将颠覆传统文旅体验模式，促进文旅产业的数据化、个性化、实时化、可视化和智能化。

从需求场景创新角度看，文旅消费群体的状态、人群特征和时空分布的重构，以及"千人一面"到"千人千面"的技术实现，使得文旅新质生产力的区域协同发展成为可能，从"淄博烧烤"到"天水麻辣烫"，文旅基础资源相对落后的地区也可以通过满足用户需求场景、纵深化变革消费场景、交互转化线上线下场景，来激发文旅产业的持续活力。从体验场景创新角度看，互联网 Web3.0 影响下的渠道或营销工具的拉新、留存和转化，将深刻改变文旅行业体验模式，其丰富的体验场景可以为消费者提供个性化决策支持。从购买场景创新角度看，辐射资源和衍生产品的购买频次、购买偏好和购买动机将较大程度地影响文旅效益模型。节庆活动、网红景点、文创空间等作为购买场景创新的重要载体，可进一步丰富文旅数字化的变现形式，IP 运营、创意设计、虚拟文创则可进一步提升数字化文旅的传播效度。

（三）优化产业链、数据链、服务链的协同创新

文旅新质生产力的核心环节涵盖了高端装备、优质内容创作、IP 开发与数据驱动运营等，通过运用大数据等先进科技手段，能够更精准地理解和响应消费者需求，从而推动产业链、数据链和服务链的全方位创新。

在产业链层面，高端文旅装备及相应的产业生态系统构建，对于文旅新质生产力至关重要，它可激发战略性新兴产业和未来产业之间的协同作用，实现高新技术的重复利用与迭代创新，催生出"科技 + 文旅"的新型业态与商业模式。例如，通过技术协同共享，文旅行业能够加速新技术的应用与转化，形成规模化与定制化的双重优势。

从数据链的视角来看，文旅新质生产力将在品牌推广、意见领袖管理、舆论监测、社区发掘、精准广告投送等多个方面实现创新融合，这对于优化文旅基础设施、完善社会运营机制、强化配套服务、推进文旅高质量发展具有深远影响。湖南博物院"数字汉生活"IP 的打造，就是一个成功的案例，它不仅活化了历史文化遗产，还实现了线上线下一体化的多维度展示与传播。

在服务链领域，文旅新质生产力将重塑服务理念与运营方式，数据驱动、顾客体验与互动交流将成为竞争焦点。随着文旅市场投资的持续增长，服务链创新已呈现出前瞻性的趋势，即依据长期商业目标和服务架构来指导初期的规划与投资，这有助于增强服务链与其他链条的协同效应。此外，跨界合作与 IP 联名成为主流战略，产业链中的企业正积极拓展服务范围，其主要通过持续运营提升效率与盈利空间，实现文旅产业的全价值链优化。

（四）丰富数字消费的体验内容与多元供给

数字消费作为数字经济的主要形式，是实现高质量发展的重要内容。全球数字革命及技术应用场景变革，将为社会带来数字消费行为和思想的深刻变化。数字生产力和数字消费力的螺旋式提升，将引发消费层次、消费结构、消费方式和消费水平的重大创新，同时为社会带来消费者身份的数字转向、商品形式的数字转换、消费空间的数字景观建构和消费时间的数字消解等异化新样态。

2023年12月召开的中央经济工作会议明确提出"大力发展数字消费"，数字消费已经成为拉动内需和推动经济发展的重要引擎。数字消费是数字技术对人的主体身份、人的社会关系和人的对象化物的重塑，亦是生产关系数字化时代化的现实反映。在"压力给到河南文旅"等热议现象背后，是数字生产力和数字消费力的不均衡发展，文旅新质生产力在发展初期也面临着消费模式转换、消费产品升级和消费内容多元等挑战。

现阶段我国数字消费水平处于起步阶段，数字技术和数字平台驱动着消费升级，网络预订平台、移动支付工具等数字消费工具得到普遍应用。以小红书、抖音为代表的内容平台，提升了数字化营销效率，强化了评价互动功能。同时，文旅消费需求不断升级，差异化、个性化、定制化成为文旅企业获得流量和收益的关键，而多元的内容和体验消费需求，又持续催生着文旅新质生产力的跨界创新。例如，现象级文旅短剧《逃出大英博物馆》在内容创新方面频繁制造热点，在流量曝光方面充分利用了算法推荐机制。数字消费中特有的虚拟资产交易成为相关领域重要发展方向。数字消费的体验内容决定着数字消费的水平层次，结合元宇宙、数字孪生、全息投影、AIGC（生成式人工智能）、区块链、物联网、"3R"（VR、AR、MR）等产业技术的发展，未来我们首先应从内容侧推进文旅数字消费的体验提升，开创文旅数字消费的交互空间，加强IP开发和转化，发展动漫游戏、网络文学、网络音乐、网络表演、网络视频、数字艺术、创意设计等数字消费；其次应从供给侧把握数字生产力和数字消费力的辩证关系和经济规律，实现数字消费内容的多元供给，满足不同层次、不同地域和不同消费水平的需求。以数字消费引领消费新趋势、顺应消费新变化、实现消费新升级、培育数字消费力是我国扩大消费需求、实现文旅新质生产力高质量发展的重要路径。

（五）建立创新要素双向流动的产教融合体系

文旅新质生产力人才培养的关键路径之一是建立创新要素双向流动的产教融合体系。"深化产教融合、校企合作，深入推进育人方式、办学模式、管理体制、保障机制改革"是习近平总书记对职业教育工作的重要指示，也是文旅新质生产力高质量发展的现实需求。现阶段产教融合、校企合作呈现出多层次、多节点、多形态、多主体的结构特征，其演化载体——现代产业学院以共同演进、共同专属化、竞合为逻辑运行机理，是新质生产力战略人才和应用型人才培养的创新主体。在创新驱动的数字经济时代，人、技术、文化、社会和企业等各种要素影响着大学知识生产与人才培养。因此，我们要紧密结合新质生产力发展定位，准确把握产教融合、校企合作中的政府向度、大学向度和企业向度，充分发挥产业优势，完善人才培养协同机制，加快文化要素、人才要素、技术要素、数据要素和产业要素的双向流动，构建以知识集群和创新网络为核心的人才培养体系、教学方法体系、学习评价体系、人才评价体系和现代产业学院质量管理体系，为创新要素加速向高校集聚、向企业流动提供通道，进而培养大批新质生产力急需的战略型、应用型、复合型、创新型人才。

我们要以行业企业技术革新项目为依托，紧密结合产业实际创新教学内容、方法、手段，增加综合型、设计性实践教学比重，引进行业课程，使用真实生产环境开展实操、实地、实训教学，着力提升学生的实践创新能力和解决复杂问题的能力。要鼓励产业学院与合作企业共建创新创业实践教育中心（基地），共同开发创新创业课程和教学内容，共同推进创新创业训练项目的实施。要基于数字经济时代下的"数据要素"创新流动，以共建重点实验室、工程研究中心、技术创新中心、创业创新中心、企业技术中心等创新载体的方式丰富产教融合形态。要围绕产业技术创新关键问题开展协同创新，实现高校知识溢出直接服务区域经济社会发展，推动应用科学研究成果的转化和应用，促进产业转型升级。

第二章 新质生产力赋能文旅产业高质量发展

新质生产力作为文旅产业转型升级的催化剂，是确保该产业稳健前行、品质提升和持久繁荣的基石。借助新质生产力的赋能，文旅行业有望达到更高的效能标准，并构建更绿色的可持续发展模式。伴随科技进步的步伐与创新力的激增，新质生产力在文旅领域的影响力将日渐显著，可为旅行者创造更为卓越、无缝衔接的游览体验。

文旅业需主动融入新质生产力的浪潮，深化科技革新并注重专业人才的培育，以此来适应市场环境的快速变化和满足游客日益多元的需求。面对激烈的行业竞争，文旅企业应当强化自身的技术竞争力，优化产品与服务，以吸引并留住游客，同时确保其业务模式与时俱进，保持市场领先地位。本章为新质生产力赋能文旅产业高质量发展，依次从文旅产业高质量发展的理论基础、新质生产力与文旅产业高质量发展的关系、文旅产业先进生产动能的现实需求、新质生产力赋能文旅产业发展策略四个方面进行了分析。

第一节 文旅产业高质量发展的理论基础

一、文旅产业高质量发展研究进展

文旅产业的高质量发展作为一个在中国特定环境下提出的新兴议题，尚未形成一套完整、严谨的学术框架，其研究背景和理论根基尚待深化。虽然针对文旅产业高质量发展的专门性学术探讨可能还不够成熟和系统化，但我们可以通过借鉴经济增长和经济发展领域的已有研究成果和理论体系，为其研究提供必要的参考和理论支撑。

（一）国外研究回顾

1. 经济增长质量的研究

国外关于经济增长的理论研究主要围绕以下三个维度展开：一是探究影响经济增长的各种因素，由此产生了多元化的经济增长理论流派；二是分析经济发展的不同阶段，由此形成了经济发展阶段理论；三是关注经济增长的质量，由此提出了包容性增长的理念。

在分析经济增长动因方面，古典经济学派，以亚当·斯密（Adam Smith）、托马斯·罗伯特·马尔萨斯（Thomas Robert Malthus）和大卫·李嘉图（David Ricardo）为代表，奠定了早期的理论基础。随后，新古典经济学派，如罗伯特·默顿·索洛（Robert Merton Solow）等，深化了人们对资本积累和技术进步在经济增长中作用的理解。新增长理论学派，以保罗·罗默（Paul M.Romer）和罗伯特·卢卡斯（Robert E.Lucas）为首，强调了知识和人力资本的重要性。此外，经济增长质量学派，以卡马耶夫等学者为代表，关注经济增长的可持续性和效率。世界银行提出的包容性增长概念，强调经济增长应惠及所有社会成员，能确保公平与可持续性。

马克思基于生产资料所有制提出了社会发展五阶段论，华尔特·惠特曼·罗斯托（Walt Whitman Rostow）提出了经济成长的线性阶段论，李斯特提出了经济增长三阶段论，威廉·罗雪尔（Wihelm Georg Friedrich Roscher）提出了国民经济三阶段论，他们为经济发展阶段演进及研究提供了不同的理论视角。

苏联经济学家卡马耶夫首次提出经济增长质量概念，并对其内涵进行了深刻的阐述。美国学者鲁迪格·多恩布什（Rudiger Dornbusch）和斯坦利·费希尔（Stanley Fischer）等在《宏观经济学》中将经济增长数量与质量融为一体。世界银行增长与发展委员会以更加包容的视角提出包容性发展概念及思想，为经济增长质量理论发展奠定了基础。

2. 旅游业增长质量的研究

尽管围绕旅游业高质量增长的国际学术探讨尚处于起步阶段，学者已经开始从旅游目的地的品质保护与旅游业推动包容性经济发展的角度进行深入研究。从经济理论的视角审视，维护旅游目的地的质量可持续性，实质上是一项战略选择，其目的在于长期积淀并保护其优质形象，这种形象被视为人们对未来的投资，能够吸引更多的游客和收益。高品质旅游体验通常能够获得高于成本的定价，这部分额外收入是对人们建立和维护高品质标准的一种回馈，同时也可激励目的地持续改进，保持其独特魅力。

有学者重点关注了旅游业如何促进包容性增长，他们详细考察了旅游业直接与间接收益的传递机制，以及其面临的挑战。有学者的研究揭示了印度旅游业的外国直接投资如何通过拉动上下游产业链，促进其他行业的发展，尤其是其如何在酒店、旅游和娱乐领域创造大量就业机会，从而刺激经济增长。还有学者基于1995年第一季度至2018年第四季度的季度数据分析，证实了旅游业能够促进尼日利亚的包容性增长，他提出，发展旅游业可以创造就业机会，缩小收入差距，缓解贫困问题。同时，他强调政府必须采取措施打击腐败，确保旅游收入的透明管理与合理分配，提高旅游支出的合法性和透明度。

（二）国内研究进展

国内关于文旅产业高质量发展的研究主要集中在文旅产业高质量发展与双循环新发展格局构建、文旅产业高质量发展与产业融合、文旅产业高质量发展与区域发展、主题旅游及特色旅游高质量发展、旅游产业高质量发展测度与评价等方面。

1.文旅产业高质量发展与双循环新发展格局构建

在双循环新发展格局中推动旅游业高质量发展，是文旅产业与经济社会发展的重大现实需求和重要科学命题。黄震方等"围绕'双循环'新格局下旅游高质量发展主题，在解读其科学内涵的基础上，探究和思考旅游相关理论与实践创新问题，为深化旅游学术研究，推动旅游业高质量发展提供理论借鉴和应用依据"①。新型冠状病毒肺炎暴发以来，住宿行业发展步入双循环格局，需要探寻市场和行业变化的逻辑，揭示行业未来发展的方向，找到推动行业高质量发展的解决方案。冯郑凭提出"构建以国内大循环为主体、国内国际双循环相互促进的新发展格局"②，推动旅游业从景点旅游向全域旅游转变，本着互信互惠、互联互通的原

---

① 黄震方，陆林，肖飞，等."双循环"新格局与旅游高质量发展：理论思考与创新实践[J].中国名城，2021，35（2）：7-18.

② 冯郑凭.构建"双循环"新格局下中国和新西兰旅游合作对策研究[J].创新，2020，14（5）：54-64.

则，积极地沟通和协调，拓宽和加深旅游合作空间，应对外部环境所带来的压力和挑战。

2. 文旅产业高质量发展与产业融合

文旅产业的深度融合已成为我国新时代经济高质量发展的新动能。文旅产业的深度融合对经济高质量发展具有促进作用，创新文旅产业的融合思路，构建高质高效的融合治理体系等措施，是助推新时代经济高质量发展的主要路径。侯兵等认为，"高质量发展视野下文旅深度融合的驱动机制表现为'渗透交叉—重组促进—创新驱动—多元协同'四重递进机制"[①]。旅游业高质量发展要遵循产值结构、就业结构、投资结构、需求结构的产业结构研究脉络，促进结构优化，实现高质量发展。在旅游供给侧改革创新发展中，要以产业转型升级为主要抓手，以全域旅游理念为核心战略，优化配置旅游要素、加强旅游资源整合开发、促进产业结构调整，推动旅游业发展质量变革、效率变革、动力变革，构建集约型的旅游发展模式。孙以栋等认为，应"依靠科技创新发展特色产业，打造产业链，形成文旅、产业、生活的融合发展"[②]。

3. 文旅产业高质量发展与区域发展

从区域空间层面关于旅游业高质量发展的研究主要从跨区域或省域、市域及县域等层面展开。

（1）跨区域或省域文旅产业高质量发展研究

国内部分学者从旅游业高质量发展的失配度时空格局、黄河流域文化旅游产业高质量发展路径、沿黄生态文化旅游产业高质量发展对策等方面开展深入研究。其他学者从湖北省旅游业高质量发展、广东省全域旅游业高质量发展、吉林省旅游业高质量发展、内蒙古文旅产业高质量发展、江西旅游业高质量发展、新疆旅游业高质量发展、粤港澳大湾区旅游协同高质量发展、成渝地区双城经济圈旅游业发展的演化博弈等方面进行了研究。王笑宇"从'中等收入陷阱'切入，通过对 20 世纪七八十年代日本跨越'中等收入陷阱'阶段旅游业研究，探讨旅游业

---

① 侯兵，杨君，余凤龙.面向高质量发展的文化和旅游深度融合：内涵、动因与机制 [J].商业经济与管理，2020（10）：86-96.

② 孙以栋，俞强.长三角地区乡村文旅融合高质量发展策略 [J].江苏行政学院学报，2020（5）：36-41；48.

发展战略与国家高质量发展战略之间的互动关系"①。

（2）市域文旅产业高质量发展研究

从市域的角度看，陈林强认为"乐山建设世界重要旅游目的地要紧紧围绕文旅融合、扩容提质、景城一体、全域旅游'四篇文章'，构建独具特色的旅游产品供给体系，完善环境友好的服务供给体系，构建面向全球的营销推广体系，创新高效顺畅的运行管理体系"②；李孝敏提出，"充分利用郑州文化旅游资源，加强统筹规划，主动融入'一带一路'建设，以'互联网＋'创新发展，从浅融合向深融合推进，完善旅游文化人才的培养，推动文化旅游产业在更深层次、更高水平上发展"③；孙艳红提出，"在国家黄河流域生态保护和高质量发展的大背景下，包头应从内蒙古文化旅游产业发展的全局出发，以融合发展的理念实现自身文旅产业的高质量发展"④；廖文菊等提出，"将草原旅游业的发展与生态保护结合起来，提出依托生态保护开发新型草原旅游项目、依托特色资源打造特色产业园、依托地方特色文化推动特色旅游文创产品及农产品开发等适合甘孜州实际的农旅融合高质量发展对策"⑤；边青全等认为，"应当搭建旅游大数据智慧平台对游客行为进行高效管理，通过互联网媒体加大洛阳市宣传力度的对策以推动洛阳市黄金周旅游业进一步高质量发展"⑥。

（3）县域文旅产业高质量发展研究

新时代，我国经济进入高质量发展阶段，推进县域旅游高质量发展的时机已经成熟。韩文泉等"针对县域红色旅游扶贫在机制体制方面的薄弱环节，建构革命老区红色文化教育与旅游开发深度融合助力老区人民脱贫致富的理论模型，拟定老区文化旅游扶贫高质量发展、生态化治理运行框架，提出相关服务机制和监

① 王笑宇.日本旅游业高质量发展战略及对我国的启示——以跨越"中等收入陷阱"为视角[J].行政管理改革，2020（6）：41-50.

② 陈林强.推动高质量发展建设世界重要旅游目的地[J].中共乐山市委党校学报，2018，20（5）：23-27.

③ 李孝敏.郑州文化旅游产业高质量发展问题浅析[J].全国流通经济，2019（19）：132-133.

④ 孙艳红.包头文化旅游高质量发展的八个融合[J].职大学报，2020（6）：16-18.

⑤ 廖文菊，王悦.甘孜藏族自治州草原生态保护与农旅融合高质量发展对策建议[J].农业与技术，2021，41（13）：113-115.

⑥ 边青全，梁留科，苏小燕，等.基于黄金周大数据分析的洛阳旅游业高质量研究与发展[J].洛阳师范学院学报，2020，39（12）：23-28.

管机制的对策性建议"[①]。许家荣等提出"以全域旅游为抓手，精品项目为引领，产业融合为驱动，'打造三大增长极''实施四大工程''构建五大体系''打好六张牌'，促进句容文化旅游高质量发展"[②]。周丽等"从丹巴县的旅游现状出发，分析了丹巴县旅游存在的问题，提出了发挥政府主导作用，推动旅游品质提升；完善配套设施，提升全域旅游配置；特色品牌造势，形成特色旅游市场；借力扶贫帮扶，促进乡村旅游发展；高质量发展全域旅游，持续推进乡村振兴等发展路径"[③]。

4. 主题旅游及特色旅游高质量发展

基于旅游发展类型而言，乡村、滨海、农业、森林、健康、度假、民宿、红色旅游等领域的高质量发展也受到国内学者的广泛关注。

（1）乡村旅游高质量发展

在乡村振兴战略实施的背景下，推动乡村旅游高质量发展是实现乡村振兴的重要途径。我们需要从产业链全局出发寻求能够促进乡村旅游常态化、高质量发展的路径。吕家宝等认为，应当"在'服务价值链'模型视角下，通过对乡村旅游组织结构进行剖析，围绕内部服务质量和外部服务价值2个中心点，构建具有乡村旅游特色的'服务价值链'模型，理顺乡村旅游各组成要素之间的关系"[④]。研究乡村旅游高质量发展、引导乡村振兴的机制及路径，需遵循供给侧结构性改革的投入产出规律，抓住资源特色和有效投资的差异化战略，发挥好经济发展、信息化、特色资源和政府保障4个因素；实施产业培育、组织优化、文化保护与创新、人才驱动、村寨建设、整体规划工程；强化政府政策服务与引导职能，打造特色IP，提升村民的话语权和参与能力。

（2）滨海旅游高质量发展

官锡强以广西的滨海旅游为研究对象，提出"以海上丝路规划为先导""以

① 韩文泉，王曾梅.山东省县域红色旅游扶贫高质量发展研究[J].营销界，2019（33）：11–12.
② 许家荣，陈巧根，吉根宝.新时代县域文化旅游高质量发展的路径探索[J].旅游纵览（下半月），2020（10）：154–157.
③ 周丽，黄德平.乡村振兴战略下四川丹巴县全域旅游高质量发展路径探析[J].西部旅游，2021（7）：31–35.
④ 吕家宝，马娅梅，肖乐.服务价值链视角下乡村旅游高质量发展研究[J].安徽农业科学，2019，47（15）：116–118；147.

海上丝路文化为灵魂""以海上丝路特色为抓手""以海上丝路景区为节点"[①] 的着力点，促进滨海旅游，推动向海经济高质量发展；范建华等以广西北海涠洲岛景区个案为研究对象，探讨"通过文旅融合推动旅游业高质量发展"[②]；黄博等"梳理了国内外海岛旅游发展现状，从资源禀赋、客源市场、旅游需求等多个角度归纳总结了海岛旅游市场的特征，分析了我国海岛旅游产业发展存在的问题，进而提出推动海岛旅游高质量发展建议"[③]。

（3）度假旅游高质量发展

近年来，中高端消费人群对度假旅游的需求日益旺盛。吴侃侃等"基于浙江旅游度假区的统计数据与实地调研，客观评述了目前旅游度假区建设与发展的现状与问题，并从旅游度假区管理体制机制、统筹规划、人才发展、政策支持、科技创新等五个环节展开论述"[④]，为浙江旅游度假区高质量建设与发展提供了建议；高月提出"民宿产业在推进乡村优质旅游、带动区域经济增长、助力乡村振兴等方面发挥着独特作用，但同时也存在着产品同质、规划滞后、基础薄弱、低水平经营、管理缺位等突出问题，急需在特色、文化、管理、市场、协同等方面予以创新，实现高质量发展"[⑤]。

（4）其他主题特色旅游高质量发展

张妍认为："在健康中国建设的背景下，我国健康旅游产业迎来了发展的黄金时代，亟待深度挖掘并整合资源，结合数字时代特征，实现高质量发展，以满足人民日益增长的美好生活需要。"[⑥] 刘文龙提出："以冰雪体育运动为核心的冰雪体育旅游产业也在不断发展壮大，而冰雪体育旅游的迅速发展也给我国旅游产业带

---

① 官锡强.繁荣滨海旅游推动向海经济高质量发展 [J].当代广西，2019（15）：40-41.

② 范建华，李林江.历史文化资源转化为文化旅游产品的几点思考——以广西花山岩画为例 [J].理论月刊，2020（10）：80-88.

③ 黄博，姜德刚，丰爱平，等.我国海岛旅游高质量发展的建议 [J].中国国土资源经济，2021，34（6）：72-77.

④ 吴侃侃，金豪.全域旅游背景下浙江旅游度假区高质量发展的思考 [J].浙江社会科学，2018（8）：147-150；160.

⑤ 高月.民宿产业高质量发展研究 [J].合作经济与科技，2021（1）：37-39.

⑥ 张妍.关于加快我国健康旅游产业高质量发展的探析 [J].产业创新研究，2020（22）：120-121.

来了无限的前景。"① 宋昌耀等指出："红色旅游是经济工程、富民工程，需要借助市场的力量推动深入发展。庞大的旅游市场既是红色教育的潜力市场，同时也是红色旅游最重要的发展动力。"② 王庆等认为："研究森林旅游产业高质量发展的现实困境和实施路径，深入推进森林资源的多功能开发，是实现森林旅游资源综合效益的现实途径，也是中国生态文明建设的内在要求。"③

5. 旅游产业高质量发展测度与评价

关于旅游产业高质量发展的测度与评价，国内学者首先是根据自己的学科背景试图从不同的维度来诠释旅游产业高质量发展的内涵，并从内涵出发确定指标，构建评价模型。旅游产业高质量发展测度及评价分为两个阶段：第一个阶段是以旅游产业质量评价为主；第二个阶段是构建旅游产业高质量发展评价体系。

在旅游产业质量评价方面，从旅游产业质量、旅游产业发展质量等方面展开研究。如陈秀琼等"从产品质量、环境质量、要素质量、产业增长方式和产业运行质量五个方面对中国旅游产业发展质量进行综合定量评价"④；刘大均等"从旅游者、旅游企业、区域影响层面构建旅游业发展质量综合评价指标体系，对我国31个省（市、自治区）旅游业发展质量空间分异进行了综合分析"⑤；张爱平等"从旅游发展质量内涵出发，建立包括5个子系统共31个指标组成的综合评价指标体系及旅游'质'—'量'发展协调度评价模型，基于旅游发展质量的测度，判定旅游发展'质'与'量'的协调发展度，并结合旅游发展速度进行分析"⑥；宋长海"从旅游业发展环境质量、游客旅游质量、旅游企业发展质量、旅游产业发展质量和旅游目的地发展质量等五个方面构建一个较为科学的旅游业发展质量评

① 刘文龙. 辽宁省冰雪体育旅游产业高质量发展对策研究 [D]. 武汉：武汉体育学院，2020：42.
② 宋昌耀，厉新建，张琪. 红色旅游的高质量发展 [J]. 旅游学刊，2021，36（6）：3-5.
③ 王庆，林卿. 新时代森林旅游高质量发展的现实困境与实施路径研究 [J]. 生态经济，2021，37（10）：137-143；163.
④ 陈秀琼，黄福才. 中国旅游业发展质量的定量评价研究 [J]. 旅游学刊，2006（9）：59-63.
⑤ 刘大均，谢双玉，逯付荣. 中国旅游业发展质量空间差异综合分析 [J]. 资源开发与市场，2012，28（8）：761-763.
⑥ 张爱平，钟林生，徐勇，等. 中国省际旅游发展质量特征及空间差异 [J]. 地理科学，2015，35（03）：283-292.

价指标体系"①；叶建赓等"结合旅游产业的产业要素、结构质量、环境质量、产品质量等七大要素"②，阐述了旅游产业发展质量评价体系的建立；周程明"结合城市旅游发展实际，从顾客、财务、内部流程、学习与成长四个方面，构建了城市旅游发展质量评价指标体系"③；龙志等"基于生态文明视角，通过构建旅游发展质量评估指标体系，对 2009—2017 年贵州省各州市来的旅游发展质量进行实证研究，分析其旅游发展质量时空演变，就贵州旅游发展质量存在的问题，在分析其条件优势和要素支撑的基础上，提出了高质量发展的路径"④；江文"基于产业发展、生态环境、交通基础和公共服务 4 个角度构建旅游业发展质量评价指标体系"⑤；阎友兵等基于五大发展理念构建旅游业发展质量测度指标体系，认为"高质量发展视角下旅游业发展质量应当包含发展活力、发展效益、创新发展、协调发展、绿色发展、开放发展、共享发展"⑥。

学者根据新发展理念从不同角度对旅游产业高质量发展评价体系进行构建。如张新成等"在供给侧改革背景下，基于对高质量发展深刻内涵的理解，从经济发展高质量、创新发展高质量、绿色发展高质量、协调发展高质量和民生发展高质量五个维度"⑦构建了高质量发展评价体系；周程明"从创新质量、协调质量、绿色质量、开放质量、共享质量 5 个维度，构建了城市旅游高质量发展评价指标体系"⑧；唐业喜等"通过旅游经济高质量发展内涵的分析，构建了创新、协调、

① 宋长海. 旅游业发展质量评价指标体系构建与指数编制方法 [J]. 统计与决策，2016（5）：39–42.

② 叶建赓，Po-Ju Chen，陶柯方. 云南省旅游产业发展质量评价指标体系构建 [J]. 统计与决策，2019，35（9）：56–59.

③ 周程明. 基于 BSC 法的城市旅游发展质量评价指标体系构建与实证研究——以广东省 21 地市为例 [J]. 西南师范大学学报（自然科学版），2019，44（6）：69–74.

④ 龙志，曾绍伦. 生态文明视角下旅游发展质量评估及高质量发展路径实证研究 [J]. 生态经济，2020，36（4）：122–128；162.

⑤ 江文. 贵州省旅游业发展质量测度分析 [J]. 科技创业月刊，2021，34（5）：50–54.

⑥ 阎友兵，欧阳旻，胡欢欢. 泛珠三角旅游业发展质量测度及时空特征分析——基于高质量发展视角 [J]. 怀化学院学报，2021，40（3）：59–66.

⑦ 张新成，梁学成，宋晓，等. 黄河流域旅游产业高质量发展的失配度时空格局及成因分析 [J]. 干旱区资源与环境，2020，34（12）：201–208.

⑧ 周程明. 基于熵权 TOPSIS 法的城市旅游高质量发展评价研究——以广东省 21 个城市为例 [J]. 西南师范大学学报（自然科学版），2021，46（7）：58–66.

绿色、开放、共享、有效 6 项二级指标和 18 项三级指标的评价体系"[①]；肖黎明等"基于乡愁的基本内涵，从承载乡愁的环境要素、支撑乡愁的经济要素和留住乡愁的民生要素 3 方面出发，构建内含乡愁要素的乡村旅游高质量发展的指标体系"[②]；阎友兵等"从产业发展活力、创新、协调、绿色、开放、共享和有效七个维度构建了我国旅游业高质量发展评价指标体系，利用熵值法和地理信息系统等方法，分析旅游业高质量发展水平及其时空演变特征"[③]。

二、文旅产业高质量发展的概念与内涵

（一）高质量发展的概念

国内的学术界从多元视角出发，对高质量发展的概念进行了定义与阐释。

1. 单一维度的解读

高质量发展是一种经济发展模式，其核心在于通过优化结构与动力，实现更高效、更公正、更环保且可持续的增长，以切实回应民众不断提升的物质与精神需求。其根本宗旨是确保经济、社会与环境的和谐共生，促使全体人民共享发展成果，迈向更加美好、充实的生活。高质量发展的精髓在于追求高水准的供给体系，强调生产效率、效益及稳定性，旨在以公平、持续的方式，为社会提供高品质的产品与服务。这一理念倡导经济、政治、文化、社会及生态文明的"五位一体"综合发展，旨在确保各领域相互促进，共同构建一个全面协调、绿色低碳、创新驱动的现代化经济体系。

2. 二维度的解读

高质量发展包含两个核心层面的意义：一方面，它既是实现社会需求目标的途径，也将满足这些需求本身视为终极追求；另一方面，高质量发展是一个持续调和内在矛盾的过程，即在将满足社会需求作为推动手段的同时，完全达成以社

---

① 唐业喜，左鑫，伍招妃，等. 旅游经济高质量发展评价指标体系构建与实证——以湖南省为例 [J]. 资源开发与市场，2021，37（6）：641–647.

② 肖黎明，王彦君，郭瑞雅. 乡愁视域下乡村旅游高质量发展的空间差异及演变——基于黄河流域的检验 [J]. 旅游学刊，2021，36（11）：13–25.

③ 阎友兵，胡欢欢. 中国旅游业高质量发展水平的测度及时空演化分析 [J]. 湖南财政经济学院学报，2021，37（1）：5–18.

会需求为中心的根本宗旨。从定义的宽泛程度来看，高质量发展可分为广义和狭义两个维度。狭义上，经济的高质量发展专注于产品与劳动力的卓越表现；而广义的视角则认为，经济高质量是指社会生产全过程的卓越，这不仅涵盖生产、分配、交换、消费四个社会再生产环节的高质量，还涉及这些环节之间关系的优化与协调，力求确保整个社会经济体系的健康、高效运转。

3. 三维度的解读

高质量发展可从三重视角诠释。微观层面：企业与个人追求资源与要素的高效利用，倡导通过生产、创新和管理的卓越表现提升要素质量；中观层面：产业聚焦创新与竞争力，倡导通过技术创新和模式创新提高附加值，促进科研成果转化，推动新兴产业发展，以形成创新驱动的产业结构；宏观层面：社会层面追求全面福祉，涵盖民生、生态、开放合作与创新体系建设，以确保经济、社会与环境的和谐共生，支持创新型国家建设。

（二）高质量发展的内涵观点

1. 增长论观点

高质量发展是集高效率、有效供给、结构优化、环境可持续与社会和谐于一体的现代化增长模式。它聚焦于满足人民对优质生活的向往，倡导成果共享、推动创新与效率、促进绿色生态、深化对外开放、遵循以人为本与五大发展理念。高质量发展旨在提升产品与服务品质，追求经济效益最大化，同时确保发展红利全民共享，从而推动社会全面进步与繁荣。

2. 过程论观点

经济高质量发展是一个渐进式的过程，是一个供需结构和产业结构优化的过程，是一个全方位提升社会生产的过程。高质量发展就其本质和内涵而言，是一种新的发展理念，是以质量和效益为价值取向的发展；是一种新的发展方式，是现有发展方式的又一次提升；是一种新的发展战略，是我国经济发展战略的重大调整。

3. 模式论观点

云南省宏观经济研究院指出，高质量发展是创新驱动、资源高效利用、多领域协调、环境可持续及成果普惠的模式。高质量发展强调通过创新激发内生增长，优化资源配置提升效率，实现产业、城乡、区域均衡，保护生态促绿色持续，保障社会公平，惠及全民，以推动云南全面繁荣进步。

4. 系统论

高质量发展，从系统平衡观来看，是多维度全面进步的模式，其目标包括经济结构升级、动力转型、风险控制、共同富裕与生态优化。在经济发展视角下，它意味着从粗放转向集约，升级路径、模式与驱动力，提升效率，确保成果公平分享。在民生福祉层面，经济繁荣需满足人民对高质量生活的追求，涵盖物质财富、生态保护、法治建设、社会公平及安全稳定，以实现多方面福祉增进。

5. 层次论

高质量发展是一个多维度的概念，它跨越了宏观经济、产业和企业三个层面，受到外部环境和内部条件的共同塑造，其根本目标是不断满足人民群众对美好生活的追求。在宏观经济视角下，高质量发展追求的是稳健的经济增长、区域与城乡之间的均衡发展、创新驱动下的绿色发展，以及确保发展成果能够公平地惠及广大民众。在产业层面，高质量发展体现为产业规模的合理扩张、产业结构的优化升级、技术创新推动产业向价值链高端迈进、产品质量与经济效益的持续提升，以及构建富有活力、健康有序的产业生态系统。对企业而言，高质量发展意味着提升国际竞争力，确保产品和服务的高质量与可靠性，以及增强创新能力和品牌影响力，同时贯彻先进的质量管理理念，推动企业向更高水平的标准迈进，实现可持续发展。

总之，从理论维度来看，高质量发展是发展经济学理论的重大创新；从价值维度来看，高质量发展体现了更全面的价值取向；从实践维度来看，高质量发展是一种新的发展理念。

（三）文旅产业高质量发展的概念

关于文旅产业高质量发展的概念，国内学术界尚未达成一致，但学者从各自的专业视角提出了初步界定和解读。

在乡村旅游的背景下，高质量发展被描述为在习近平生态文明思想的指引下，追求生态与经济的和谐共存，以及生态、经济与社会利益的统一，以此推动乡村产业的复兴与精准脱贫，并构建一个可持续的乡村振兴模式。

旅游经济的高质量发展，则被理解为在旅游经济总量和物质财富增加的基础上，对某一时期内旅游经济发展的总体水平和质量进行综合评估。它强调均衡、可持续与科学的发展理念，提倡建立绿色、循环的经济体系，其目标是提升民众的生活满意度和居住环境的生态适宜性。

高质量发展置于文旅产业深度融合的情境中，指的是通过优化产业体系，为人们提供卓越的消费体验，并引领文旅产业从供给侧结构性改革深化至产业体系创新，再至产业治理的优化，全过程紧扣市场需求与产业高质量发展目标，实现文旅产业的转型升级。

从可持续发展的视角看，文旅产业的高质量发展被视作围绕人的全面发展，均衡经济、社会文化和环境三方面支柱，协调不同层次的可持续性，从而形成一个综合性的发展模式，旨在实现人与自然、经济与社会的和谐共生。

（四）文旅产业高质量发展的内涵

理解文旅产业高质量发展的核心内涵，应当根植于高质量发展的基本理念。本书主张，文旅产业高质量发展代表了一种创新的发展观念、路径、策略与模式。

文旅产业高质量发展象征着崭新的发展哲学。作为行动的指南，这一理念可统领全局，触及根本，指引方向，着眼长远，浓缩了发展策略、方向与重点的精髓。其实质是将文旅产业的质量与效益置于思维框架的核心，是对新时代文旅经济价值取向、基本原则、目标设定、评估标准及实现路径的一次战略革新，可完美融合并集中展现创新、协调、绿色、开放、共享的新发展理念。

文旅产业高质量发展是一种新的发展方式。文旅产业高质量发展是现有文旅产业发展方式的一次提升与变革。过去的文旅产业发展方式是一种粗放式外延发展，其依赖高投入、高消耗来实现高产出，只注重接待量、收入量的增长，在统计方面缺乏严谨的科学方式。文旅产业高质量发展不再以文旅产业增长速度、增长规模来判断其发展的好坏，而是以文旅产业高质量、高效益、高水平为导向来评判文旅产业发展的优劣。其强调从单一的数量扩张向质量效益综合提升转变，从依靠资源要素驱动向依靠科技、人才、服务等要素创新驱动转变，从大规模的项目投资、企业投资向"精改造""微提升"转变，从单极突破、不均衡、散弱化状态向区域均衡化、一体化方向转变。

　　文旅产业高质量发展是一种新的发展战略。文旅产业高质量发展是我国文化旅游发展战略的重大调整，其发展战略涉及发展的方向、重点、目标、道路问题。文旅产业高质量发展是基于社会主要矛盾变化、经济发展阶段演进、双循环新发展格局构建等，对文旅产业发展方向、发展目标、发展重点、发展方式作出的战略调整，是引领文旅产业向着更高层次发展、更深层次融合、更高水平提升的战略选择。当前，我国虽然实施了文旅融合、数字旅游、全域旅游等各种产业专项发展战略，其发展导向、思维并未上升到真正意义上的战略层面。文旅产业高质量发展是超越过去、引领未来，对现行各种文旅产业发展战略的一个高度整合、统领、提升与跨越，它与其他各项战略一起，旨在推动中国文化旅游向中国文化转变、中国文化向中国价值引导，进而实现中国文旅产业发展质量、水平、层次的全面跃升，建设现代化旅游强国。

　　文旅产业高质量发展是一种新的发展模式。区域经济发展模式就是特定区域在一定历史条件下，独自探索出的具有特色的经济发展的路子，是地区经济发展实践主要特征的综合反映。区域经济发展模式具有可持续性、可借鉴性，它在经济学上是指在一定时期内国民经济发展战略及其生产力要素增长机制、运行原则的特殊类型，它包括经济发展的目标、方式、发展重心、步骤等一系列要素。文旅产业高质量发展是一种更高层次的文旅产业可持续发展，其核心目标是追求人的全面发展。高质量发展是一种普适的、可以得到广泛推广与借鉴的文旅产业创新模式、文旅资源配置模式、多区域多领域协调模式、文旅产业促进共同富裕的发展模式。

三、文旅产业高质量发展的特征

　　我国的高质量发展与国际上的相关理念相呼应，其特征涵盖了集约型经济、高端要素驱动、先进产业发展、适度经济增长以及各领域的均衡协调。我国高质量发展的独特之处在于：以公有制为主体的多元化经济体系；政府的主动干预和调控；持续的改革与创新；开放共享的市场经济；在马克思主义指导下处理改革与稳定的关系。

　　进入新时代，高质量发展的内涵更加丰富，更注重惠及民生，更追求区域特色的协调发展，是一个渐进且长期的过程，随时间推移而动态变化。它以人民为中心，从单纯的经济增长转向全面改善民生，其需求结构不断升级、评价体系日趋动态、治理方式呈现多样化。

在价值导向上，高质量发展强调人民的主体地位，坚持党的全面领导，持续推进经济体制改革。在经济层面，它从单纯追求GDP转变为协调各领域发展，从追求规模和速度转向注重成果质量和效率，从单一追求高速增长转向产业间的相互支撑，从依赖要素投入转向提升全要素生产率，从单一维度的增长转向多维度的平衡，旨在共同构筑一个均衡、包容且可持续的发展模式。

文旅产业高质量发展顺应中国经济高质量发展趋势而存在，既符合文旅产业质量的特征，也符合经济高质量发展的总体要求，同时它也有自身的独特性表征。

旅游质量具有多维性、链条性、主观性与复杂性特征。从消费、产业融合、配套及服务来说，旅游质量可表现出消费力更强、产业融合更广、配套业态更全、服务体验更佳的特征。从乡村旅游的角度而言，乡村旅游高质量发展的典型特征是以绿色发展理念为指导，以资源的可持续利用为前提，以产业融合为路径，以提供绿色旅游产品为内涵，以农业强、农民富、农村美为目标。从发展的角度而言，文旅产业高质量发展具有系统性、差异性、动态性、创新性、共享性等特征。

（一）系统性

高质量发展并非仅局限于经济范畴的要求，而是对社会经济各领域全面提质增效的总揽性指导，它不仅仅适用于经济发达区域，而是所有地区在发展中均需贯彻的准则，这是一项长期且持续的任务，而非短期行为。对于文旅产业而言，高质量发展不仅涵盖产业经济的全貌，还可深入资源开发、产品建设、消费市场、服务监管及科技研发等各个环节，力求追求这些要素的卓越表现。

各要素间存在着密切的互动关系，它们的协同作用推动着文旅产业整体高质量发展，但若某一环节滞后，则可能形成瓶颈，制约整体水平的提升。因此，文旅产业的高质量发展须置于经济高质量发展的大背景中，注重微观与宏观的统筹、历史与未来的衔接、产业与事业的融合、效率与效益的平衡，采取系统化策略，持之以恒地推进，方能实现文旅产业的全面升级与可持续发展。

（二）差异性

文旅产业的高质量发展应彰显文化多样性，依托区域经济的独特性。在中国，因不同地区历史、资源、发展阶段各异，文旅产业呈现多样的发展模式。遵循国家文化与旅游战略，各地应结合自身特色，探索差异化、特色化的高质量发展路径，并强调政策的针对性，促进文化与经济的融合共生，实现文旅产业的可持续繁荣。

（三）动态性

文旅产业高质量发展是一个渐进的动态过程。文旅产业高质量发展是一个相对概念，文化是灵魂，旅游是载体，高质量是目标，阶段发展是一个转化的过程。文旅产业高质量发展的本质是从低质量向高质量跨越、从低水平向高水平渐进的循环过程。文旅产业高质量发展是相对与绝对的统一：所谓"相对"，是一种比较方式，在不同的时间、空间范围内是一个相对的概念；所谓"绝对"是指其发展的内在要求是绝对的，要求高质量发展。文旅产业高质量发展是静态与动态的统一，是客观与主观的统一。它会随着时间推移、客观条件变化、内部要素变革等不断完善和丰富。随着发展阶段进化及发展目标改变，文旅产业高质量发展的要求、评价标准等也会随之变化。

（四）创新性

创新是文旅产业高质量发展的核心特征之一，是解决文旅产业高质量发展动力问题的强大因素。根据生命周期理论，对于旅游业而言，创新应该是永恒的主题。"不创新，毋宁死。"文旅产业创新涉及概念、理念、产品、技术、模式、运营等多方面的内容，对于文旅产业来说，任何一种形式的创新都是推动高质量发展的内生动力。在文旅产业发展到高级阶段后，创新要素需要占据主导地位。创新对文旅产业高质量发展的影响不仅体现为产业结构的逐渐变迁，同时体现为社会劳动生产率由低到高的"质量型"变化。从某种意义上而言，创新是弥补文旅产业短板的重要战略手段。

（五）普惠性与共享性

文旅产业高质量发展的核心精神在于普惠与共享，其最终追求是构建高品质生活，实现这一目标需着重强化文旅产业的公共属性，加大文旅公共服务产品的供应。因此，高质量发展的文旅产业需平衡满足外来游客与本地居民的双重需求，致力于增进社会福祉和促进人的全面发展。

通过文旅产业推动社会公正与民众幸福，确保发展成果能够惠及广大人民群众，是高质量发展文旅产业的题中之义。从根本上说，无论是起点还是终点，文旅产业高质量发展的轴心都是以人民为中心，致力于不断满足人民对美好生活的向往，并将普惠与共享作为衡量标准，旨在为实现共同富裕贡献力量。

第二节　新质生产力与文旅产业高质量发展的关系

探究新质生产力与文旅产业高质量发展之间的关联，兼具深厚的理论意义和实践价值。这项研究可深化我们对二者内在联系的认知，能为文旅产业的持续创新与成长提供坚实的理论基础和具体的行动指南。通过分析新质生产力对文旅产业的影响，我们能够挖掘新的增长点，加快产品与服务的更新换代，从而更精准地对接消费者多元化的需求。

此项研究明确了高质量发展的具体路径，可推动产业向现代化迈进，增强文旅产业的国际市场竞争力。同时，它有助于识别并应对文旅产业面临的挑战，可借助创新的力量打破传统束缚，引导产业向更高水平、更深层次转型，以确保其可持续性与高质量发展。

一、新质生产力推动文旅产业高质量发展

新质生产力，作为创新驱动的核心力量，可凭借新兴生产要素的崛起与传统要素创新性重组，持续孕育文旅产业的新兴业态、运营模式与顾客体验，激发产业的革命性创新、跨领域整合与连续性进化。它还担当着生产体系优化与产业格局重塑的任务，可通过传统生产要素的升级、生产关系的调整及市场秩序的规范，引领传统文旅行业向现代化生产模式、产业结构与市场规则转变，加速其转型升级的进程。

高质量发展的根基在于绿色发展与可持续性，而新质生产力正承载着这一愿景。它推崇文旅资源的循环利用，可将人类与自然和谐共存的思想深深植根于产业的发展脉络中，构筑高质量发展的生态文化视角。这一举措不仅能增强文旅产业的环保属性，也能实现生态保护与经济效益的双丰收，为文旅行业勾勒出一幅可持续发展的生态蓝图。

（一）创新驱动，拓展文旅新业态

随着科技的飞跃与社会的进步，新质生产力与文化旅游行业的紧密结合已成为激发产业革新和提升的关键力量。这股融合潮流不仅革新了文旅业的传统运作框架，更为顾客呈现了更为多元、定制化的体验。

在数字文明的新纪元里，数据、算法能力和大规模模型作为新兴的生产要素，正在国民经济的各个层面发挥着核心作用，并催生着新质生产力。目前，文旅行业数据的两大来源分别是：一方面，源于对文化遗产的数字化处理，如数字图书馆、线上艺术展览等，可让文化服务跃入"云"端；另一方面，来源于消费者行为的数据积累，可为市场趋势的洞察和产品服务的个性化提供宝贵的决策依据。国家文化数字化战略的推进，加之百度文心、科大讯飞星火等 AI 大模型的崛起，正引领着文化数字化迈向智能革命，预示着文旅领域的新质生产力将显著体现为数字化与智能化的双重驱动。文化数据将在共建、共享、共治的原则下，催化文旅生产方式的根本转变，包括空间构造和内容创作。大数据的运用使文旅企业得以精确解读市场动态及游客行为，并赋能产品个性化设计。借助深度分析游客的消费模式、兴趣爱好等信息，企业有能力为每个客户量身打造独特的旅游线路和活动安排，以满足他们的个性化需求。人工智能技术的运用则进一步提升了文旅产业的智能化服务水平。智能导游系统、自助服务终端等智能化设备的普及，不仅提高了服务效率，还大幅提升了游客的旅游体验。游客可以通过智能导游系统获取实时的景点信息、交通指南等，享受更加便捷、高效的旅游服务。除了大数据和人工智能，其他新技术的应用也在推动着文旅产业的创新升级。例如，虚拟现实（VR）和增强现实（AR）技术为游客带来了沉浸式的旅游体验，让他们能够更深入地了解景点的历史文化和风土人情。无人机和智能机器人等技术的引入，则使文旅产业在安全管理、环境监测等方面实现了智能化和自动化。

新质生产力与文旅产业的深度融合，不仅推动了产业的创新升级，还为游客带来了更加优质、个性化的旅游体验。这种融合使得文旅产业从传统的以产品为中心转向以游客为中心，更加注重游客的需求和体验。同时，文旅产业的发展也为新质生产力的创新提供了实践平台。文旅产业作为一个多元化的领域，涵盖了旅游、文化、娱乐等多个方面，可为新质生产力的应用提供广阔的空间。在这个平台上，新质生产力可以充分发挥其优势，能推动科技创新成果的转化和应用。

具体来说，文旅产业的发展对新质生产力提出了更高的要求。为了满足游客日益增长的个性化需求，新质生产力需要不断创新和完善。在文旅产业的实践中，新质生产力可以不断试错、优化，从而推动技术的不断进步和创新。此外，文旅产业的多元化特点也为新质生产力的创新提供了更多的可能性。在文旅产业中，新质生产力可以与其他领域的技术进行跨界融合，产生更多的创新点和应用场景。例如，人工智能技术与旅游、文化等领域的结合，可以催生出更多具有创新性的产品和服务。

新质生产力以高势能产业的耦合推动着文旅产业的融合式创新。文旅产业作为一种文化经济形态，其高附加值、高融合性、高渗透性的经济特性，与新质生产力所依附的新一代信息技术产业、数字创意产业等战略性新兴产业和未来产业存在着天然耦合性。一方面，网络文学、动漫游戏、创意设计等新兴产业的未来发展同样需要文旅场景的应用赋能；另一方面，文旅产业的资源创新转化、内容创意生产、文化传播推广、文旅消费体验等皆离不开新兴产业与未来产业在全环节、全领域、全方位的创新支撑。新兴产业与未来产业是集聚最前沿智能科技、最先进创意思维、最高层次知识活力的高势能产业，文旅产业如何与其实现互动共生、深度融合及价值共创，将决定培育和激发文旅新质生产力的重要标准。

新质生产力以科技要素的集成配置推动文旅产业的连续性创新，以5G、人工智能、虚拟现实、物联网、大数据等新一代数字技术为代表，构成了文化科技融合推动文化创新的技术矩阵。当前，依托数字技术的集成配置与灵活组合，诸如数字孪生、3D实景、全息投影等集成技术在文旅产业得到了普遍应用，通过对文化旅游目的地的拟态再现以及交互式参与的虚拟真实，打破了文化旅游消费体验的时空围墙，拓展了文化旅游消费体验的表现空间与感知空间，推动着文化旅游消费生态从传统线下观光式走向线上与线下一体化，构建了在线、在地与在场相链接的场景模式。因此，文旅产业新质生产力的培育始终伴随着数字技术的迭代升级与集成创新而不断催生出新应用、新场景与新模式，数字技术所释放的创新红利将持续推动文旅产业走向更深层次与更高水平。

（二）优化重塑，推动传统文旅产业提质升级

新质生产力加速了传统文旅行业要素的现代化转型。以往，文旅业的核心要素主要聚焦于餐饮、住宿、游览、购物和娱乐等基本旅游服务。然而，在文旅产业的深度交融下，其构成元素跨越了单纯的旅游资产，囊括了直接创造经济收益的项目，以及诸如地域文化特色等间接贡献经济效益的文化成分。这些元素的复合配置方式，实质上决定了文旅产业的效能高低。新质生产力在促进文旅产业高品质发展中的要旨，在于科技与创意在文化价值转换链条中的融入，力求优化文旅要素的集成效果。科技手段可提升文旅要素间的协作效率，推进资源转换的专业化和技术化；而创意，作为文化生产力的核心，能增强资源开发的深度与广度，还能通过对本土文化精髓的深刻诠释与创新应用，塑造目的地的独特品牌，增强地方文旅业的文化吸引力。

新质生产力重构了传统旅游业生产与消费的交互模式。在传统的旅游业态中，人们仅仅是消费者的角色，被动地接收产品。如今，借由数字技术的桥梁，新质生产力建立了消费者需求与产业供给之间的即时沟通机制。通过搭建数字化文旅大数据平台、营造沉浸式数字文旅场景，消费者的偏好和行为能够迅速反馈至生产端，影响产品和服务的设计，促使文旅产业从单一的线性服务转变为全面整合的管理服务体系，从而实现线上线下无缝对接，集中营销旅游资源，提供定制化的产品和服务。此外，数字技术通过资源共享，能赋予消费者参与文化创作的能力，以数字艺术品为代表的新兴文化形态，不仅满足了公众对个性化、沉浸式和互动体验的追求，而且突破了地域和时间的限制，促进了个人创造力的释放，实现了其自我价值的最大化。

新质生产力可优化传统文旅市场体系。数字文明时代，产业高质量发展的关键在于开放与协同，新质生产力改善了传统文旅产业重资产、重资源开发型的经营模式、管理方式，强调提升文旅产业链、价值链、创新链的协同水平与韧性能力。一方面，新质生产力强调通过品牌 IP 的打造以及与农业、工业等多元产业间的融合，实现文旅全产业链式、全域式经营，以带动文旅产业发展从资源依赖走向创新开发，从观光游览走向综合效益驱动；另一方面，新质生产力可通过跨行业、跨部门、跨区域合作平台的搭建，整合区域文旅资源，协同政府、企业等多元市场主体，能将其之间传统垂直化的合作关系演变为"扇形联盟合作关系"，进而创新文旅产品及服务的市场供给体制机制。

（三）绿色生产，建构文旅发展的生态文明观

倡导人与自然的和谐共生，促进生态的持久繁荣，是新质生产力在推动高质量发展中不可或缺的精神实质。高质量发展的基调在于绿色，而新质生产力本身就是绿色理念的体现。构建绿色导向的生产力关键在于平衡经济发展与生态环境保护，可将生态意识渗透至社会经济活动的方方面面，深化产业的绿色转型，引导相关行业形成对环境负责任的生产方式。鉴于文旅产业是资源高效利用和环境友好型产业的典范，其持续健康发展构成了新质生产力驱动高质量发展的核心逻辑。

文旅产业培育绿色生产力的前提是秉持资源的持续利用观念。持续利用的核心思想，在于既要满足当前的需求，也要保证未来世代能够满足他们的需求，尤其是文化遗产的持续利用强调的是代际间的传递，以及确保文化的连续性。因此，文旅产业依赖的非物质文化遗产、历史文物等文化资产并非取之不尽的财富，我们需要在开发与经济增长之间找到平衡点，守护文化的历史印记，保持文化的活力。与此同时，文旅资源的开发利用应避免对自然环境造成破坏，要在保护的前提下进行创造性转化和拓展，这一过程高度依赖新质生产力的推动，涵盖技术创新、要素优化配置及产业深层次改革。

绿色生产力涵盖人与自然和睦共处的哲学意蕴，它超越了简单的"绿水青山就是金山银山"的口号，触及以人为本的生态文明构建。中国传统的哲学思想中蕴含着生态文明的智慧，从认识到自然规律的"天行有常"，到阐释生态联系的"三生万物"，最终升华至"天人合一"的生态世界观。在新时代背景下，生态文明观契合了中国现代化的路径与中国文明新形态的建构，服务于高质量发展目标，形成了围绕"人类命运共同体""生命共同体""文化再生体"等概念的生态哲学体系，倡导与自然和谐共处，注重生态系统的完整性和生物多样性，其目标是促进绿色生活方式和生产模式的形成，为高质量发展铺设一条绿色的康庄大道。

历史上的各种学说，无不体现出人们对人本思想的坚持及人地关系的把握。文旅产业的绿色可持续发展就是要践行人本理念，让文旅产业的高质量发展植根于地方的文化图景、服务于人民的需要、涵育以人文价值为旨归的文化沃土，它以发展新时代人文经济为指向建构了文旅新质生产力的新的生态文明观。

二、文旅产业高质量发展为新质生产力提供应用场景

文旅产业的高质量发展不仅满足了民众对优质生活体验的渴望，更深层次地触发了跨领域融合与创新的热潮，为新质生产力开辟了广阔的实践舞台。随着文旅行业的繁荣，其表现不仅仅局限于新增的旅游目的地和文化活动，更重要的是，它孕育了对新质生产力的巨大需求和丰富的应用领域。

在文旅产业的现代化转型中，传统旅游与服务模式已经无法满足现代消费者日益多元和精细化的期望。人们的旅游需求正从表面的观光游览转向寻求深度、个性化和文化沉浸式的体验，这一趋势为新质生产力的介入创造了前所未有的契机。例如，通过集成大数据、人工智能、物联网等现代科技，文旅企业可以精确捕捉游客的偏好，为其定制独一无二的旅行服务。

在文旅产业的升级过程中，新质生产力的整合变得尤为重要。这不仅是对游客日益增长需求的回应，也是全面提升行业服务质量与游客体验的关键。例如，数字化技术的应用，如智能导游系统，能够让游客轻松获取景点背后的历史与文化故事；而虚拟现实与增强现实技术则能让游客如同身临其境，深度沉浸在历史场景中，感受文化的深厚底蕴。

同时，新质生产力的引入也加速了文旅产业的创新节奏。通过大数据分析，企业可以预测旅游趋势，提前调配资源，优化服务链条。这种前瞻性的策略不仅提高了运营效率，还显著提升了游客的满意度和忠诚度，为相关行业注入了持久的活力。

然而，新质生产力的融入并非易事，它需要一个渐进的适应与磨合过程，以确保科技与文旅行业的完美融合。这一过程同样为新质生产力提供了持续进化与优化的机会。在实践中，新技术的应用往往会遭遇各种挑战和障碍，而正是这些挑战推动了新质生产力的持续创新，促使其不断迭代，以更好地服务于文旅产业的实际需求，实现科技与文化的和谐共生。

文旅产业的高质量发展，还为新质生产力带来了更多的商业机会。随着消费者对文旅体验要求的提高，越来越多的企业开始寻求与科技公司的合作，以引入更先进的技术来提升服务质量。这种跨界合作，不仅为科技企业带来了新的业务领域，也为文旅产业注入了更多的创新元素。

除此之外，文旅产业的繁荣还带动了相关产业链的发展。比如，随着智能导

览、虚拟现实等技术的广泛应用，相关的硬件设备、软件开发、内容制作等行业也得到了快速发展。这些行业的发展，又进一步推动了新质生产力的进步。

从更宏观的角度看，文旅产业的高质量发展也是国家经济发展的重要推动力。随着文旅产业的不断壮大，其对新技术的需求也日益增长。这不仅促进了新质生产力的创新和发展，也为国家经济的转型升级提供了有力支持。

总的来说，文旅产业的高质量发展为新质生产力提供了广阔的应用场景和市场需求。这种发展不仅满足了人民群众对美好生活的追求，也推动了相关产业链的进步和创新。同时，新质生产力的引入和应用，又反过来促进了文旅产业的持续升级和发展。这种良性的互动和循环，为整个经济社会的繁荣和进步注入了强大的动力。

然而，人们也应看到，新质生产力与文旅产业的融合并非一帆风顺。在实际操作中，我们还需要解决诸多技术和管理上的难题。例如，如何确保新技术的稳定性和安全性、如何提升游客对新技术的接受度和满意度、如何平衡技术创新与成本控制等。这些问题的解决，需要政府、企业、科研机构等多方面的共同努力和协作。

未来，随着科技的不断进步和文旅产业的持续发展，新质生产力将在文旅领域发挥更加重要的作用。人们期待看到新质生产力与文旅产业的深度融合，这能够为人们带来更加丰富多彩、高效便捷的文旅体验，同时也能为经济社会的全面进步贡献更大的力量。同时，人们也应意识到，新质生产力在文旅产业中的应用，不仅仅是技术层面的革新，更是一种思维方式和商业模式的转变。它要求人们从传统的以产品为中心的思维，转向以用户为中心的思维，更加注重游客的个性化需求和体验。这种转变，将推动文旅产业走向更加人性化、智能化的发展路径。此外，新质生产力的引入，也将对文旅产业的人才结构产生深远影响。随着新技术的广泛应用，文旅产业将需要具备更多科技背景和创新能力的复合型人才。这将促使人们加强人才培养和引进，提升整个行业的创新能力和竞争力。

综上，文旅产业的高质量发展为新质生产力提供了广阔的应用场景和市场需求，同时也为其带来了新的挑战和机遇。我们应积极拥抱新技术，加强创新与合作，推动文旅产业与新质生产力的深度融合，为人民群众提供更加优质的文旅体验，为经济社会的全面进步贡献更大的力量。

在未来的发展中，人们期待看到更多的文旅企业积极引入新质生产力，推动产业的持续升级和创新。同时，政府、科研机构、教育机构等各方也应加强合作，为新质生产力在文旅产业中的应用提供更多的支持和保障。只有这样，我们才能充分发挥新质生产力的潜力，推动文旅产业实现更高质量的发展。

第三节　文旅产业先进生产动能的现实需求

文旅产业兼具经济与社会双重特性，它不仅是经济增长的引擎，还承载着丰富人民精神文化生活的使命。这一产业拥有经济、社会和文化三重属性，既是推动经济发展的强劲动力，也是满足民众精神追求的重要途径。近年来，从康养旅游、夜间经济、智能旅游等新兴业态的蓬勃兴起，到淄博、哈尔滨、天水等地因网络爆红而成为旅游新宠，再到"特种兵式"旅行、城市漫步（Citywalk）等个性化旅游方式的流行，我国的文化旅游业正经历着一场深刻的转型，已经步入了产业升级、数字技术加持与旅游体验个性化的高质量发展新纪元。

然而，尽管文旅产业展现了旺盛的生命力，它仍面临着要素生产效率低下、产业结构升级缓慢及技术应用不够深入等挑战，在激发先进生产力方面尚有较大提升空间。这些问题在一定程度上阻碍了文旅产业的持续健康发展，亟待我们通过创新思维与有效策略加以解决，以实现文旅产业的全面升级与可持续繁荣。

一、技术创新的动能需求

技术创新对文旅产业升级至关重要，但当前行业面临科技融合不足、智能化水平低的问题，这些问题限制了现代旅游体验的提升。VR、AR等技术应用有限，数字化工具普及不够，影响了服务个性化和效率。智能服务、智慧设施等尚待成熟，技术更新滞后，削弱了游客体验和产业竞争力。加速技术创新，深化科技在文旅服务中的应用，对优化体验、推动产业现代化转型来说极为关键。

数字技术是文旅产业高质量发展的关键引擎，但数字文旅产业的发展目前仍处于调整阶段，在数据共享、资源整合、应用场景建设、数据与隐私安全等方面缺乏统一的行业标准与规范，不同的文化企业所采用的技术与标准差异化较大，从而阻碍了数据要素在市场间的流通。此外，虽然数字技术在文旅景区中主要用于提升服务便利性，但在线下文旅体验场景中的融合应用尚显不足。这限制了数字技术在推动文旅业态创新、商业模式革新及产业链生态优化等方面的潜能发挥，未能充分释放其作为产业驱动力的全面效能。

科技创新作为一种无形的生产资料，通过关键性的技术突破驱动技术"质"的裂变，进而催生生产力核心要素的变革。因此，先进科学技术的迭代升级是新质生产力赋能文旅产业高质量发展的关键所在，新质生产力强调通过数字技术在产业各个环节的嵌入，旨在打通生产要素流通的壁垒，进而促进模式创新、业态创新和生态优化。其中，创新生产力的关键驱动是技术进步，随着从互联网到新一代人工智能技术的连续迭代升级，新质生产力驱动的文旅产业数字化及数字文旅产业化已然成为文旅产业高质量发展的主要方向。对于文旅产业高质量发展而言，借助数字技术实现服务管理模式的升级、产品及服务的创新和文旅消费互动体验的深化，是创新新质生产力的核心路径。在文旅产业链服务管理环节，数字技术通过对文旅行业人才、资本、文化等要素的整合，催生了大量互动性强、个性化定制、平台化集成的生产方式，从携程、去哪儿等一体化服务平台，到小红书、抖音等社交媒体，线上平台成为大众进行旅游消费决策、出行的主要渠道。而随着文化数字化战略的实施、大众文化消费需求的升级以及 5G、大数据、物联网、人工智能等新一代数字技术的不断进步，政策、市场与技术的三重红利更加速了文旅产业从数字化到智慧化的转型升级。

2023 年 4 月，中华人民共和国工业和信息化部、文化和旅游部联合印发的《关于加强 5G+ 智慧旅游协同创新发展的通知》提出，到 2025 年实现 5G 网络在有需求的重点旅游场所高质量覆盖，建构 5G+ 智慧旅游在旅游服务、管理、营销、体验等方面的应用场景体系，建成 5G+ 智慧旅游产业生态环境等目标，新一代数字技术嵌入文旅产业发展的路径愈加清晰。在文旅产品及服务等生产环节，诸如文生图、文生视频等生成式人工智能掀起了文旅产业生产环节的内容革命，虚拟数字人在文旅产业的应用愈加普及。在数实融合的大潮之下，文旅资源经由数据资产转化与应用场景落地，持续助力"中华文化全景呈现、数字化成果全民共享"目标的实现。在文旅产业营销环节，数字技术通过对游客画像的分析，可推动线下文旅场景与线上文旅平台的联合营销，进而实现目标市场的精准分析以及对目标客群的精准推送，文化旅游产品及服务走向个性化、定制化与互动化。在文旅产业消费环节，新一代人工智能、虚拟现实技术通过营造沉浸式的文化感知与体验，不断催生新兴消费业态，从智慧博物馆、智慧景区到云展览、云视听、云体验，再到虚拟数字人、沉浸式数字空间等新业态的涌现，围绕着文化旅游深度融合的智慧文旅新场景、新模式将在一定程度上拓展文旅产业的生产空间与服务空间。

二、文旅资源要素与产品创新的动力需求

文化旅游资源是文旅产业高质量发展的根基，其开发与利用方式正经历着一场深刻的变革。新质生产力的融入，正逐步瓦解文旅产业长期以来对重资产和大规模要素投入的依赖，同时也在拓展文旅产业资源要素的范畴。借助科技与创意的交织，文旅产业正被赋予全新的生命力，力求实现资源的创新性转化与产业生态的动态演进，引领行业步入更高质量、更具创新性的增长轨道。

（一）优秀文化旅游资源本身的特殊性要求文旅资源开发模式创新

1. 文化旅游产业的资源要素范围需要不断扩大

传统的文化旅游资源往往侧重于自然美景或具备商业化潜力的文化地标。但随着文旅融合的深入，资源类型日益多元，地方风俗、手工艺品、民族节日、红色遗址等元素开始扮演起彰显旅游地文化特色、提升目的地文化引力的核心角色。非物质文化遗产（以下简称"非遗"），作为中华文化宝库中的璀璨明珠，不仅承载着地区的历史文脉和民众的心灵寄托，更是维系文化传承、促进社会认同的关键。非遗所富有的文化内涵，自然而然地指引出一条以传统文化为基石的文旅资源转化路径，这与单纯依赖自然景观保护或硬件设施打造的开发模式截然不同。非遗的活化利用，呼唤着一种融合创新与传承的策略，旨在实现文化和旅游的双向赋能，促进二者共生共荣，这正是新质生产力发挥作用的理想场域。新质生产力通过科技与创意的结合，能够激发非遗的现代活力，使之在保留原汁原味的同时，焕发新的时代光彩，进而为文旅产业的高质量发展贡献力量。

2. 文旅新质生产力需要创意增值、创新开发等轻资产投入

文旅新质生产力的独特魅力在于其可将文化价值置于核心位置，视之为驱动发展的首要动力。这一理念倡导的是以创意增值和创新开发为特征的轻资产投入

模式，以及文化与经济双效并举的生产方式。近年来，一系列如文创商品创新、数字艺术创作、沉浸式主题街区等新兴业态的涌现，皆以创意为桥梁，激活文旅资源、激发文旅消费，为非物质文化遗产的传承与活化开辟了新路径。展望未来，在科技与创意的双重驱动下，文旅资源的创新开发将更注重线上线下资源的融合，强调地方文化与空间的共生，以及文化与旅游价值的共创，从而形成一种全新的整合形态。

构建文旅新质生产力，意味着文旅资源将更加深度地融入日常生活场景。为响应民众对精神文化日益增长的需求，顺应追求美好生活品质的社会趋势，文旅产业将与日常生活的各个层面无缝对接，成为人们生活中不可或缺的一部分。在当前时代背景下，个性化、社交化和高品质消费成为主导，推动了文旅产品与服务的创新。Citywalk（城市漫步）、"特种兵式"旅游、打卡盖章、角色扮演体验等新型旅游模式逐渐风靡，咖啡馆、书店、城市公共空间和商业街区等生活场所被赋予了旅游属性和文化价值。这启示我们，构建文旅新质生产力需深刻领悟文化与旅游深度融合的内涵，文旅产业不仅是文化产业与旅游产业的简单叠加，更是与城市、社会及个人全面发展相互作用的复杂系统，涉及文化、旅游、知识、资本、技术等多维度要素的优化组合与集成创新。因此，我们应将满足人们全方位生活消费需求的要素融入文旅产业发展中，以全面的文化塑造思维，构建文旅新质生产力，以推动产业的全方位升级与高质量发展。

文旅资源的开发不是单纯的产业化转化，要植根于地方整体环境、未来发展规划及人的需要，注重地方文化风貌的保存、文化记忆的延续及人的成长。现有文旅资源的利用仍较多停留在对"原生态"的利用上，对地方非遗、文物古迹等文化内涵挖掘不够深入；或者是开发模式过度商业化，文旅产品与服务的开发忽视地方文旅资源、环境的可持续发展；或是缺乏对文旅消费者需求的把握，使文旅产业的发展脱离地方整体形象、缺乏人文关怀，进而使得资源优势难以转化为产业优势。

（二）旅游资源保护与文化特色挖掘急需改进

长久以来，我国的文旅产业主要以观光型景区为核心，但随着个性化与品质化消费趋势的兴起，众多传统观光景区遭遇了吸引力下降的挑战，它们往往只能通过降价促销来维持客源，而在产品创新与服务升级方面显得力不从心。此外，同类型景区普遍存在产品与服务同质化的问题，缺乏高水准、强体验性与互动性的特色业态，旅游商品与消费者需求的匹配度不高，服务空间的供给与利用效率也存在不足。

旅游资源保护的缺失，表现为旅游开发过程中对资源环境的破坏与文化遗产的损害。例如，在一些历史文化名城，商业化过度侵蚀了传统建筑，减弱了古城的文化底蕴。过度开发与不当利用导致生态系统失衡，生物多样性遭到威胁。同时，由于缺乏对文化特色的深入挖掘与传播，旅游资源的独特魅力未能充分展现，具体体现为旅游产品雷同、品牌知名度低及市场竞争力弱等问题。一方面，文旅产品的同质化现象明显。一些景区和旅游企业推出的文旅产品缺乏独特性和创新性，设备设施、休闲游内容以及所做的活动方案都趋于雷同。这种同质化不仅难以给游客留下深刻的印象，使游客缺乏再次游览的动机，也影响景区的口碑和传播效果。例如，一些地方特色的手工艺品、纪念品等，由于缺乏独特设计和创意，往往只能在价格上进行竞争，这降低了产品的附加值和市场竞争力。另一方面，文旅产品类型单一。一些地方的文旅产品主要集中在传统的观光旅游上，缺乏多样性和选择性。这种单一性不仅限制了游客的体验和满意度，也制约了文旅产业的进一步发展。例如，某些旅游目的地可能主要依赖自然风景或历史文化遗迹吸引游客，但缺乏与之相配套的互动体验、文化演艺等多样化产品，导致游客停留时间短、消费层次低。

针对这些问题，我们需要从多个方面进行改进。一是注重创新和差异化发展，开发具有地方特色和文化内涵的文旅产品，避免盲目跟风和复制；二是加强资源整合和规划，丰富文旅产品的类型和层次，满足不同游客的需求；三是提升服务质量，通过专业培训和服务标准的制定，提高从业人员的专业素养和服务水平。

第四节　新质生产力赋能文旅产业发展策略

科技是推动生产力演进的先锋力量，新质生产力通过科技因子与文旅全产业链的深度嵌合，促进要素配置优化与业态创新。在创新驱动力的引领下，文旅产业以其较强的渗透力、紧密的产业链接与高附加值的特性，借由跨界融合与城市更新的催化，持续激发创意活力，引领行业向更高层次升级。

首先，新质生产力强调创新在文旅产品与服务中的主导地位。通过融入新颖的设计理念与创意元素，结合虚拟现实（VR）、增强现实（AR）等科技手段，新质生产力可为游客营造沉浸式体验，打破常规观光旅游的局限，创造富有吸引力与创新性的文旅产品。其次，新质生产力鼓励摆脱传统的模式与路径依赖。在文旅领域，这意味着跳出传统观光框架，开发涵盖文化沉浸、生态养生、体验式旅游等多元化的文旅产品，以满足消费者日益个性化与多样化的需求。再次，新质生产力彰显高科技、高效率与高品质的特性。在文旅产业中，新质生产力可通过导入前沿科技与智能化设备，优化旅游服务品质与运营管理，运用大数据与AI技术，精准捕捉游客行为模式与兴趣偏好，并为其提供更为个性化的旅游体验。最后，新质生产力强调全要素生产率的提升。在文旅行业，这意味着优化资源配置，精细化管理，提高整体运营效能，确保产业的可持续与高质量发展。

一、以科技的全域嵌入促进文旅要素优化与业态创新

（一）加强数字技术在文旅资源整合与要素流通中的作用

首要目标是深化数字技术在文旅资源转化与配置中的引擎作用，凸显科技在文旅产业生产中的核心驱动力。在数字化全面渗透的今天，数据已成为至关重要的生产要素，运用数字技术激活并创新性转化文旅资源，不仅涉及利用数字技术革新艺术表现形式，催生数字博物馆、线上演出、网络直播等新兴文旅业态，还满足推进文旅数字要素的资产化进程，促进资源共享与数据流动，引领文旅产业向高质量、数字化转型。

一方面，需加强地方、城市或区域文旅资源的数字化整合与联动，以文化数字化战略为引领，推动文旅市场一体化建设；另一方面，要加快行业标准制定，在确保数据安全的同时，建立健全数据资产转化机制与资源协同体系，打通政府与企业合作渠道，完善文旅产业数字化管理、服务体系与人才培养机制。

另外，持续运用数字技术优化文旅产业的服务效能。文旅产业不仅是经济增长的支柱，也是民生福祉的重要组成部分，构建数字化的文旅公共服务体系，是满

足人民美好生活期待、促进物质文明与精神文明双丰收的必然要求。我们应积极提升文旅管理服务的智能化水平，充分利用区块链、大数据等前沿技术，搭建文旅行业数字化管理平台。一方面，要借助大数据与云计算技术，实时采集游客反馈，实现旅游市场投诉的即时响应与综合处理，构建政府、企业、游客间的信用评价体系，有效应对"大数据杀熟""旅游欺诈"等问题；另一方面，要构建数字化文旅产业链，依托数字文旅系统，对景区资源保护、客流量统计、生态环境监控等实施动态监管，及时启动风险预警机制，健全应急管理框架，确保文旅产业的健康稳定运行。

（二）打造互动性的文旅内容运营新生态

在消费升级的浪潮中，传统依赖广告投放和线下活动的文旅营销策略正逐步向线上平台推荐与口碑营销的新型模式转变。小红书、抖音等社交媒体平台现已成为公众获取旅游资讯和作出消费决策的关键渠道，而短视频与直播等数字娱乐形式也成为文旅产业内容创新与运营的新常态。

面对这一趋势，单纯依赖文旅资源与资本投入的运营模式已难以满足现今消费者的需求。以淄博烧烤、哈尔滨冰雪之旅及甘肃天水麻辣烫为代表的网红城市旅游现象，其背后不仅有旅游资源的影响，更有创意营销的推动。内容营销正日益成为文旅产业营销传播的核心，为此，我们有必要利用数字科技精准捕捉大众的消费需求，不仅要满足游客基本的文旅体验，更要呼应人们在社交、尊重乃至自我实现等更高层次的精神追求。

通过线上平台与线下实体的深度融合，集结平台运营商、网络意见领袖、政府部门、企业及普通用户等多元参与者，共同构建文旅内容生态，这将是推动文旅产业营销创新与传播的关键。这一策略不仅能提升文旅品牌的曝光度与影响力，还能促进文旅产业的多元化发展，满足消费者对深度体验与个性化服务的渴望等需求。

（三）丰富沉浸式文旅场景应用

在文旅融合高质量发展中，文化是旅游的核心。文化旅游必须提炼主题，挖掘内涵，凸显人文精神，体现历史发展的贡献与当代价值，这样才能塑造旅游品牌。特别是对于景观级别不高而文化等级高的文旅资源，我们更要依托文化讲故事，打造特色品牌 IP，提高传播力和影响力。

要驱动文旅消费从体验升级转向文化叙事，释放持续性的场景红利。从"特种兵"到"Citywalk"，从"大唐不夜城"到"长安十二时辰"，相比以往的观光式旅游，现代大众的文旅消费选择更趋向于具有鲜明个性与文化特色的旅游方式。在此背景下，打造沉浸式文旅场景主要有两大方向：一是依靠技术手段打造虚实结合的文旅场景，以增强沉浸式体验感与互动性，如沉浸式演艺、沉浸式展览等；二是做好 IP 主题开发、创意美学营造、地方特色展现等文化叙事，以情境化的场景、沉浸式的体验，引导观众通过主动的文化参与、积极的文化创造产生深度的情感共鸣，建构在线、在地、在场的文化体验，为文旅产品及业态的创新创造新动能。

二、以深度融合赋能拓展文旅产业发展新空间

（一）深化文化产业与旅游产业的深度融合

文化产业与旅游产业均兼具文化和经济的双重特质，承载着文化和经济效益的双重导向，且二者与其他行业具有高度的互动性和融合潜力，天生具备产业融合的特性。推动文化和旅游的深度融合，既是产业升级与优化的内在要求，也是新时代背景下培育新质生产力的必由之路。党的二十大报告指出："坚持以文塑旅、以旅彰文，推进文化和旅游深度融合发展。"[①] 文化产业与旅游产业的深度整合，并非仅仅是表面的、仪式性的拼凑，而是一种产生协同增效的深层次交互。

首先，深化文化与旅游的融合程度，实现文化与旅游资源的深度融合，通过文化核心的创新性转化，提升旅游产业链各环节的文化价值；其次，扩大融合的范围，勇于尝试将动漫、游戏、创意设计、网络视听等新兴文化产业的元素融入旅游领域，探索多样化的应用，为旅游业开拓全新的增长点；最后，提升融合的层次，将文化事业、文化产业与旅游产业视为一个整体进行系统性考量，并创新文旅产业全链条的融合模式，强化区域内文旅产业的协同作用，构建特色鲜明的区域文旅产业集群，塑造具有国际知名度的文旅品牌。

---

① 中国政府网. 习近平：高举中国特色社会主义伟大旗帜 为全面建设社会主义现代化国家而团结奋斗——在中国共产党第二十次全国代表大会上的报告 [EB/OL].（2022-10-25）[2024-04-10].https://www.gov.cn/xinwen/2022-10/25/content_5721685.htm.

（二）以"文旅+"丰富文化旅游生产与服务空间

首先，促进文旅产业与新兴及未来产业的紧密联结。作为知识经济的先锋，新兴产业和未来产业集结了尖端技术、创新思维及知识资本等最具驱动力的要素。这些产业与其他行业的交叉融合催生出新型生产力，而文旅产业与之结合，则是构建这一生产力的关键。具体实施时，要聚焦于文旅产业的数字化改革，推进从内容创作到运营管理再到游客体验的全面数字化与智能化升级，诸如智能旅游、数字化文化互动、虚拟现实游览等领域的创新实践。

其次，采用创新视角，深入挖掘文化精髓，铸就文旅品牌的力量。品牌不仅是产品品质和市场地位的标志，也是影响力的重要载体，它涉及从个体景点到公司标识乃至整个地区的品牌形象。在文旅融合的高品质发展中，文化扮演着灵魂的角色。因此，文化旅游应当确立鲜明的主题，深入探索文化本质，展现深厚的人文情感，反映历史意义和现代价值，以此来构建独特的品牌识别。特别是针对那些自然景观可能较为普通但蕴含丰富文化遗产的文旅资源，应该充分利用其背后的故事，打造专属的品牌IP，提高其传播效能和公众认知度。

最后，推进文旅产业管理服务智能化、一体化。要推进文旅产业管理智能化，充分发挥区块链、大数据在文旅行业管理中的作用，建立文旅行业管理数字化平台。一方面，要通过大数据、云计算等数字技术及时获取游客旅游投诉信息，实时综合协调处理旅游市场的投诉，建立政府、企业、游客三位一体的信用体系，使文旅产业的痛点问题，如"大数据杀熟"等问题得到有效解决；另一方面，要建立数字化关联文旅产业链，基于某数字文旅系统，对景区资源保护、游客流量、生态环境等进行动态监测，及时启动风险预警，完善应急管理体制。此外，要推进文旅产业服务一体化。一是要加快某旅游集散中心建设，以"两带一心"为目的地，开辟相关精品主题游旅游线路，与文旅网站对接，确保信息能实时更新，实现全天在线信息查询、咨询、预约、预订等智慧服务；二是要为游客提供个性化智能服务。要以某文旅云平台为基础，建设数据库，全面储存、检索游客的相关预订、偏好等信息，根据游客的需求、偏好提供个性化定制等智能服务。

（三）以文旅激发城市空间文化活力

文旅产业是一项高附加值的产业经济活动，从老厂房改造成文化空间，到艺术介入城市公共空间建设，再到城市更新过程中的空间创意营造，大量城市存量空间与微型空间所释放出的空间红利与文化旅游产业潜力，构成了新的城市文化生产力。因此，要利用好城市空间资源，通过空间的复合利用与功能置换、艺术美学的创意营造和文化旅游的产业转化，为建构具有鲜明特色的城市文化叙事创造更多可能性。

三、以体制机制创新营造更高水平文旅发展环境

（一）完善入境旅游服务，构建便利化的国际旅游服务环境

想要打造全球顶级旅游目的地，需提升国际游客访问的便捷性。要针对签证、移动支付、网络连接等入境难点，建立标准化解决方案，优化英文标识、交通系统，提供多语服务，放宽住宿限制，深化"一程多站"与过境免签政策，精简签证流程，运用国际化支付方式，完善多语服务，确保国际游客享受无缝优质体验，增强我国旅游吸引力。

（二）加强与国际市场的规则标准对接，构建统一大市场

建设全国统一市场的本质在于实现规则与标准的协同一致，其关键在于通过制度创新促进市场开放达到更高层次。依托《区域全面经济伙伴关系协定》（RCEP）的框架，中国正在采取一系列措施，以更大力度开放国内市场给海外资本，实施负面清单管理机制，旨在精简和放松针对外国投资人的资格条件、股权持有上限以及经营范围的约束，这一举措将进一步推动"单一窗口"服务模式的深化，有效提高跨国贸易的便捷性和效率。要充分调动市场的活力，使其在旅游产品和服务多元化供给中扮演核心角色，通过吸引文化和旅游项目的实施，进一步加强与国际商业伙伴的协作；坚定地以市场为导向，推动体制和机制的革新，其中政府的角色定位为支持者，主要负责解释和阐述国内市场相关法规，同时负责协助企业进行产品开发与市场需求的有效对接；致力于旅游营销与推广，聚焦于吸引高消费能力的入境游客群体，增强我们在海外市场的宣传攻势，并着重于高品质旅游产品的打造与完善。依托"一带一路"倡议，我们正深化与共建国家的旅游合作，要通过简化签证流程，如推行免签和落地签，促进人员流动。此举

旨在吸引更多国际游客，刺激当地经济，提升旅游体验，并丰富旅游产品，共同开拓国际旅游市场。我们致力于旅游规则与标准的国际对接，力求打造流畅的国际旅游服务，同时应利用旅游作为人文交流的平台，加深文化理解和对话，助力构建人类命运共同体。

（三）创新人才培养体制机制，让人才红利持续赋能

针对文旅产业的快速发展需求，我们要将重点放在数字文旅、文化科技创新及艺术专业人才的培育上，其目标是建立一个覆盖研发、运营、管理和服务领域的高级复合型人才体系。为了实现这一目标，我们将打破传统学科与行业之间的界限，强化教育、研究与产业间的深度整合。具体措施包括联合高等院校、科研单位及企业，创建实践性平台，推出人才激励政策，革新人才培养的管理体系；强化与地区及国家层面的人才培养合作，定期开展文化人才交流项目，通过共同培养和共享人才资源，推动人才在文旅产业链各环节的高效流通。

四、以新时代人文经济引领文旅产业可持续发展

（一）以文续脉，把握好文化与经济之间的关系

在迈向现代化的过程中，新时代人文经济扮演着关键角色，它倡导以高价值生产力促进产业生态平衡和持久发展的愿景。这一理念引导我们在文旅行业塑造新质生产力时，需平衡文化与经济的相互依存关系，避免纯粹的经济驱动，而要兼顾文化资产的经济效益及其对经济活动的精神支撑。为推动文旅产业的繁荣，我们应致力于对地方独特文化、卓越文化传统与历史遗产进行创造性转化和革新性发展，以"创新"作为衡量尺度，以"品质"作为行动指南，以面向现在与未来的创作作为实践终点。这包括深刻理解文化元素的现代表述，用创新手法展现文化故事，同时促进文化的继承与分享。

（二）以人为本，以文旅建构文化正义

以人为核心，这是中华文明精神构建的根本出发点。习近平总书记曾指出，"'文化经济'的本质在于文化与经济的融合发展，说到底要突出一个'人'字"[1]。

---

[1] 习近平. 之江新语 [M]. 杭州：浙江人民出版社，2013：232.

文旅新质生产力建构的终极追求在于人的全面进步。一方面，文旅产业需在各个发展阶段保障公民的基本权益，确保文化成果的全民共享，并完善公共文旅服务体系；内容制作需反映人民意志，凸显其主体地位；消费市场应由公众共同塑造，以民众对高品质生活的需求引领产业方向；治理结构应包容各方声音，确保民众参与度和反馈机制的有效运行。另一方面，文旅产业的壮大应服务于人的成长，确保民众在文化经济发展中占据中心位置。要借助文化旅游的推动，为当地居民创造更多就业与创业良机，同时促进社区文化的汇聚与融合，增强社会的向心力与文化认同感。

（三）生态永续，以文旅赋能地方发展

地方文化是支撑文旅产业发展的关键资源要素，而文旅产业的发展不仅要以发展地方经济为目的，更要振兴地方文化，保证地方整体文化生态的永续。要让文旅产业的开发、运营与管理立足地方文化风貌的保护与人文记忆的保存，服务于地方文化品牌与文化形象的塑造，立足于地方整体文化生态的建构；要以扎根于日常生活的新文旅理念滋养地方人文的生命力，以基于"地方"的文化新经济赋能地方新质生产力的建构。

第三章　创新驱动系统引领文旅产业新发展

　　创新引擎是文旅产业转型升级的催化剂。融合科技、生态与文化创新，文旅产业将迎来更高质量、更高效能且更具韧性的未来发展。随着创新实力的增强和科技步伐的加快，创新机制将在文旅行业中扮演愈发关键的角色，持续为产业输送活力。展望未来，文旅产业的革新将从三个维度展开：一是科技引领的数字化转型，通过引入前沿技术，重塑文旅体验与管理；二是生态驱动的绿色升级，秉持可持续发展理念，推动产业与自然和谐共生；三是文化内涵的深度挖掘，以创新为手段，提升文旅产品的文化价值与吸引力。

第一节　科技创新推动文旅产业数字化发展

一、科技创新对文旅产业数字化发展的促进作用及路径

（一）科技创新促进文旅产业数字化发展的机理

1. 文旅产业边界消除的基础

　　技术革新促使不同产业之间的界限日益模糊，因为一项产业的技术开始跨界影响另一产业，导致原有产业特性发生变化。虽然文化产业与旅游产业各自有着清晰的定义——前者富含深厚的文化价值和传播力，后者则强调休闲体验，但技术进步正推动它们的融合。

　　在文旅产业的数字化转型中，科技创新不断为旅游业注入文化灵魂，正运用现代科技手段将文化资源转化为既具有观赏性又富有体验性的旅游目的地。例如，通过虚拟现实技术重现的博物馆和沉浸式光影山水演出，既承载了丰富的文化信

息，又提供了引人入胜的互动体验，其独特的传播属性使得这类项目难以简单地被划归于单一的文化或旅游范畴之内。

由此，科技创新成为文旅产业融合的催化剂，消弭了两者的界限，促成了一个崭新的、融合文化与旅游体验的数字化产业生态。技术的应用不仅提升了文旅产品的吸引力，也促进了文化的传播与旅游体验的升级，加速了文化产业与旅游产业的数字化融合。

2. 文旅产业结构优化的动力

科技创新在产业层面的作用体现为对劳动对象、资源分配和技术工具的革新，进而大幅提升效率和资源使用效益。技术的变革是产业结构调整的核心动力。鉴于旅游产业的广度和深度，以及庞大的企业集群，该行业与其他经济部门间存在着紧密的交互关系，因此，科技创新在文旅领域的每个方面都发挥了重要作用，无论是技术的嫁接、引进还是本土化应用。

在供给侧，科技创新催生了智能化改造和供应链的创新，使传统文旅场所如博物馆得以数字化转型，进而创造出数字文旅小镇、智慧景区和智能农业综合体等全新体验场景。站在消费者的视角，科技创新加速了文旅消费的智能化进程。它不仅催生了消费者对创新文化体验的追求，还为人们带来了精确的网络营销手段和高效可靠的电子支付解决方案，这些因素共同作用，推动了文旅产业的结构性改善和进化。

3. 文旅产业要素更新的重要支撑

任何产业都具有"形成—成长—成熟—衰退"的生命周期，文旅产业数字化发展是一个长期动态变化的过程，需要科技创新贯穿过程始终，以满足市场需求和带动经济发展。科技创新在文旅产业数字化发展过程中，通过技术创新、管理创新和知识创新使产业中各个要素更新协调。知识创新为文旅产业发展提供了新的思想理念，并为技术创新打下了理论基础。技术创新促使生产要素流通，提高了产业要素的质量，为人们带来了新的工艺与新产品。管理创新依托信息化手段让文旅产业资源得到优化配置。不同的产业发展阶段对科技创新的需求有不同的侧重，比如在文旅产业数字化发展初期，对于新思想和新技术引进需求更大，在成长与成熟阶段对于技术产品研发、管理创新的要求更高。

（二）科技创新促进文旅数字化发展的作用

1. 促进文旅产品数字化发展

科技创新的核心要素在于引入新技术，开发新工艺与产品。随着技术的演进，产业间的界限日益模糊，这推动了产业的数字化进程。其中，产品层面的数字化是跨产业数字化协同的关键路径。尤其在文旅领域，科技的进步显著提升了文化产品的互动性和沉浸感，并对传统旅游体验进行了价值重塑，使其文化内涵更为凸显，由此催生了一系列新颖的数字化文旅产品。

回顾历史，文化旅游的数字化演变可以追溯至工业革命初期。1841年，英国人托马斯·库克（Thomas Cook）组织的一场宗教文化之旅，标志着现代旅游业的萌芽，这一活动的成功，较大程度上得益于当时铁路交通的革新。时至今日，互联网与数字技术的迅猛发展，尤其是VR、AR及3D技术的广泛应用，已使文化体验由静态展示转向动态交互。例如，中国国家博物馆、故宫博物院及敦煌莫高窟等文化遗址，通过3D全景技术的应用，不仅使游客能够全方位在线游览故宫，还能细致观察莫高窟壁画的精妙细节，VR技术更是让历史文化的呈现变得栩栩如生。科技创新正重塑着传统文旅产品的形态，数字化文旅产品种类日益繁多。"云旅游"作为一种结合直播与VR技术的线上旅游模式，在网络覆盖和设备支持下，为用户提供了身临其境的旅行体验，彻底突破了地域与时间的束缚；此外，科技进步还推动了旅游模式的转型，从简单的观光游向深度的文化体验游过渡，这不仅延长了文旅产品的生命周期，如3D旅游演艺将自然山水与年代久远的历史文化相结合，在传承文化的同时更迭了旅游产品。

2. 促进文旅市场数字化发展

科技创新的内容是通过新技术开拓新的市场，把握市场需求，进而提高生产力，变革生产方式。因此，科技创新在文旅产业数字化发展过程中能推动市场渗透与拓展，准确把握市场需求并为其提供新的市场营销方式。

科技发展为文旅数字化发展提供了多样的文化体验产品，导致文化和旅游市场出现相互渗透、彼此交叉的现象，推动了市场拓展。体验经济的发展使消费者的旅游需求发生了转变，他们更注重科技体验与文化内涵，旅游产品的文化性与体验性成为旅游者决策的重要影响因素。科技手段可帮助市场细分，确定游客偏好，能将潜在市场转化为现实（市场）。人工智能、大数据等科技的发展为文旅产品生产和营销提供了更加精准的方向，大数据平台可对游客数据处理进行全方位画像，人工智能可通过算法掌握消费者喜好并进行个性化推送，使文旅产品信息精准投放至目标客户群体，进而刺激旅游需求；运营商数据可对不同来源的游客的旅行轨迹进行分析，汇总游客偏好和热点地区。

文旅数字化发展改变了市场需求特征，促成了市场扩张，也为传统旅游营销提供了内容，而科技创新为内容营销创造了更多高效的工具。互联网、移动终端因其信息传递更加高效透明成为大众获取信息的主要方式，科技发展促使抖音等互动性强、市场定位精准的新媒体产生。新媒体平台涌现了大量的原创文化输出，它们是文旅数字化发展营销内容创作的重要辅助角色；同时，新媒体平台因为传播速度快、受众广、影响力较大成为文化旅游传播和营销的主要方式。

3. 促进文旅管理数字化发展

科技创新可通过技术手段把控文旅各要素，为人们提供行业间信息整合平台，为旅游管理部门和景区及涉旅企业提供大量数据基础。一方面，科技创新可为文旅数字化发展提供资源信息库，在数据平台上实现信息数字化发展；另一方面，相关人员建立的大数据监测平台能覆盖旅游活动的各个环节，游客在使用手机过程中触发的信令事件会留下大量的数据，这将为管理部门长期监测提供强大的数据支撑。根据运营商统计的大数据，我们可以准确地对游客进行画像，从而形成旅游大数据报告，为旅游管理部门和涉旅企业后续的旅游发展战略提供依据。我们可从政府监管的角度，收集、处理、分析各涉旅企业与景区的数据，并将交通、气象、地质、公安等部门数据进行打通整合，汇总成旅游大数据分析平台，实现旅游产业统筹管理。

科技创新能推动高效管理舆情，舆情管理涉及文旅数字化发展中产品、市场数字化发展等方面并贯穿整个游览活动的全过程。对旅游舆情数据进行挖掘能掌握游客偏好、确定热点地区，从而推动旅游产品创新以及帮助相关部门科学管理。此外，旅游舆情分析能够提前对市场变化作出判断，便于我们采用更有针对性的营销手段，准确把握新媒体传播效果，使旅游决策与管理更加高效科学。在危机事件方面，数据的监测有利于我们建立量化分析的评估体系，也有利于我们对旅游热点事件的舆情影响进行评估，提前开展危机管理预案，做好危机公关。而近年来围绕旅游行业的负面舆情逐年上升，这对旅游目的地和相关企业带来了较大影响，通过信息技术建立的舆情监测系统，我们能够及时发现不利信息，提前做好预案，避免事态持续负向演化。

（三）科技创新促进文旅产业数字化发展路径

1. 资源数字化发展路径

文化与旅游资源的本质蕴含了向数字化转型的坚实基础。部分旅游胜地承载着深厚的历史底蕴与人文情怀，而独特且富有创意的文化元素同样以其魅力吸引着访客。推动资源数字化的科技革新，可从以下维度展开：首先，运用先进技术全面整合文旅资源信息，构建互联互通的文旅资源平台和综合性文化资源数据库；其次，紧密追踪游客偏好，借助科技力量优化服务体验，确保供给精准对接需求，避免资源闲置；最后，依托技术手段深度挖掘并展现旅游资源及景区的文化精髓，线上线下融合创新，打造一系列沉浸式的文旅体验产品。

针对众多旅游产品背后未被充分挖掘的文化叙事，数字技术是解锁文化内容多元展现的钥匙。在线下，主题公园、旅游景区可融入数字技术，丰富游览体验；在线上，它们可通过直播互动、虚拟现实展馆等"云端游览"模式，突破物理界限，为游客提供跨越时空限制、全天候的数字旅游享受，让文化故事的讲述更加生动、全面。

2. 载体数字化发展路径

科技创新为文化和旅游产业的数字化转型开辟了多元化的媒介途径，促进了文旅融合新形态的诞生。在这一进程中，旅游不仅是文化的传播桥梁，更能通过科技赋能，让每一媒介都能深刻承载并展现文化的深层价值，成为文旅数字化发展的核心要义。从资源导向到文化创意引领的转变，可反映出游客需求向更高层次的文化体验与个性化追求演进，这既推动了文旅产业的数字化步伐，也对其文化内涵的深化提出了迫切需求。为适应旅游市场的这一变化，文旅数字化资源的开发亟须技术创新，以丰富媒介形式，强化文化的表现力和游客的参与感，确保文旅产品能够紧跟需求潮流。例如，旅游产业与动漫、创意产业等的跨界融合，便是利用数字技术实现媒介创新的典范。动漫与网游中的虚拟世界被巧妙地转化为现实体验场景，其可通过文化 IP 的实体化，让粉丝群体在现实中亲历那些曾经只存在于屏幕上的故事，实现虚拟与现实体验载体的无缝对接。

3. 功能数字化发展路径

文化产品与旅游产品在功能上有一定互通性，文化产品具有提升审美情趣、教育与陶冶情操等功能，主要能满足人们的精神需求；而旅游也能让大众在游览过程中观景赏美，同样满足审美及放松休闲的精神需求，因此文化产业和旅游产业数字化发展具有功能上的发展点。人们不断提高的精神需求使其不再满足于文化或者旅游产品的单一功能，他们希望能够在旅游过程中感受文化、增长知识，在文化产品中获得更多形式多样的深刻体验。科技创新可提升文化产品的体验性，也赋予了旅游产品文化性，使其具有教育功能，可促进二者在功能上的数字化发展。如博物馆、文物馆、科技馆采用虚拟现实、增强现实等技术，能让文化体验由静态向动态转变，文化产品在实现教育功能的同时兼具休闲放松的功能；当科技手段融入旅游演艺中，受限于场地或久远历史的场景能被还原，旅游的文化功能得以凸显。因此，科技创新能为大众提供更具良好体验的文旅数字化发展产品，满足人们增长知识、体验休闲的复合需求，实现二者功能上的数字化发展。

二、科技创新促进文旅产业数字化发展的对策

（一）培育文旅科技创新主体，加强区域合作

在文旅科技的研发、供给与应用领域内，构建多元化的创新主体架构至关重要，这涵盖了科研机构、企业及高等学府三大支柱。在此进程中，高等教育机构与科研单位发挥着基础性的技术引领与人才培育作用，它们不断贡献前沿技术成果与专业人才，可为文旅产业注入创新活力。而旅游企业，凭借其敏锐的市场洞察力，能够精准对接市场需求，引导技术研发方向，加速科技成果向实际产品与服务的转化，进而有效提升转化效率。

政府可以通过制定一系列扶持政策与激励措施，为科研机构与创新企业营造良好的外部环境，同时激发景区、文博机构及旅游企业等终端应用方的积极性，鼓励其积极吸纳文旅科技成果，深化技术应用，推动产业升级。

（二）营造文旅科技创新环境

为了激发并稳固文旅创新环境，我们需采取一系列多元化政策与策略。首要之务，政府应加强对旅游科技创新领域的财政倾斜，确保科技创新经费的充足，

并通过税收减免、直接补贴等手段，为创新型企业及其项目提供强有力的经济支撑。此外，政府应构建政策与资金双重激励机制，鼓励高校、科研机构与企业携手共建文旅科技平台，并设立专项研发与应用基金，旨在消除学术研究与市场需求之间的脱节现象，确保科研成果精准对接文旅发展需求，加速科技成果从实验室到市场的转化进程。

同时，深化并细化科技促进文旅融合的政策体系是关键。国家层面已出台了多项政策文件，明确了文化、旅游与科技的融合发展战略，旨在全面提升科技文化创新效能，为文旅数字化发展铺设清晰路径。地方政府应积极响应，结合地方特色，细化落实国家指导方针，确保政策红利惠及本地文旅产业。同时，要完善科技创新的法律保障框架，强化对知识产权的全方位保护，为科研机构、高校、企业及个人提供坚实的法律后盾，维护其创新成果的合法权益。

（三）加强科技型文旅人才的引进与培养

为了增强文旅产业在科技领域的竞争力，确保科技成果有效融入文旅数字化进程，我们要构建一支既精通旅游业务又掌握先进技术的稳定人才队伍。为此，我们需采取多元化策略以拓宽科技旅游人才的引进与培育渠道。

首先，要清晰界定人才需求，规划合理的人才结构与规模蓝图，并配套实施具有吸引力的激励政策，旨在吸引经验丰富的文旅行业领军人物，使其成为发展引擎。同时，应建立健全人才选拔体系，采用多维度、全方位的评估标准，确保人才选拔的公正性与科学性。政府在此过程中应发挥桥梁作用，搭建人才交流与创新的广阔舞台，构建科技型文旅本土专家智库，并且鼓励跨行业人才参与文旅科技领域的相关活动，并为其提供政策上的激励与支持，还要利用科技打破文旅行业壁垒，激发企业更多创意与活力。

其次，要加强高校、科研机构与企业的合作，联合培养符合社会需求的人才，支持职业学校大力发展旅游科技教育。与此同时，开设旅游类专业的学校也应注意课程改革和人才培养模式创新，校企合作、工学结合的人才培养模式有利于高校培养更多适应社会发展和岗位需求的人才。

最后，科技文旅从业人员应当定期参加培训，了解和学习现有科学技术及其在文旅产业中的应用，政府还要优化旅游就业服务平台及相关就业信息，鼓励企业吸收科技型旅游人才，做好科技型旅游人才储备。

（四）加大科技投入，提高科技成果应用率

科技投入是科技成果产出的基础，从政府到企业都应重视科技创新在文旅产业数字化发展中的作用，要增加科技财政支出，加大科技人才投入力度，完善科技创新保护机制，打造文旅科技基地，鼓励各创新主体积极参与研发，鼓励企业和文旅单位积极应用文旅科技成果。

研发科技成果不能闭门造车，应以市场为导向提高成果应用率，满足游客需求，解决文旅产业数字化发展过程中的实际问题。要充分了解资源和市场，把握市场需求研发文旅产品，推动 5G、物联网、大数据、云计算等科技手段在夜间旅游、文化演艺和博物馆等文化服务机构的重点应用，拓宽科技手段在文旅产业的应用边界，打造更加贴合消费市场的智慧场馆和文旅产品；加强信息服务建设，为人们提供安全高效的智能化交通服务，提升饭店智能化建设和景区数字化改造。同时，要建立文旅科技成果应用反馈机制，根据市场反馈不断更新技术，创新文旅产品，从"食、住、行、游、购、娱"六要素着手研发应用，全面提升游客体验。

第二节　生态创新促进文旅产业绿色发展

鉴于全球环境挑战的日益严峻，生态文明的构建已跃升为社会发展议程上的核心议题。在此背景下，生态创新以其前瞻性的视角与策略性方法，为文化旅游产业的绿色转型开辟了崭新路径。这一创新模式不仅致力于守护地球上宝贵的自然资源，更驱动着文旅行业向环境友好、长期可持续的轨道迈进，从而实现保护与发展的双赢局面。

一、文旅产业绿色发展的理论基础

可持续发展理念作为新时代经济发展的指导原则，可具体化为一种综合性的产业发展模式，即绿色发展。这一模式融合了经济增长、环境保护与资源高效利用三大支柱，构建了一种以资源集约、环境和谐、生态保育为核心特征的经济模式与生活方式。其核心在于在确保资源环境基础非减性增长的同时，聚焦于提升

发展质量与人类福祉。为实现这一目标，绿色发展强调增强人才吸引力，激发绿色技术创新活力，并依托生态产业化转型及制度体系的优化完善。

就文旅产业而言，其绿色发展特指旅游领域的绿色转型，这一过程不仅追求生态环境的优化效益，还致力于旅游产业自身、关联产业、资源利用、消费模式、科技应用及生态环境的全方位协同进步，可构成一个多维度、高质量的发展体系。具体而言，文旅产业的绿色发展体现在六大维度：一是旅游产业自身的经济扩张，包括产业规模的扩大与总产值的增长；二是通过产业集群效应，带动旅游及其相关产业的协同发展，实现整体经济的绿色增长；三是将绿色资源视为产业发展的核心要素，确保资源的可持续利用；四是以绿色消费需求为导向，驱动整个产业链的绿色化转型；五是将绿色科技创新作为发展引擎，加速产业绿色化进程；六是依赖区域的绿色治理环境，促进生态环境质量的进一步提升。在此发展模式下，文旅产业充分展现了其"清洁产业"的独特优势，有力推动着区域产业结构的优化升级，最终实现了经济、社会与生态三大领域的和谐共生与共赢发展。

（一）产业集群理论

19 世纪末，英国知名学者阿尔弗雷德·马歇尔（Alfred Marshall）较早阐述了产业集聚的概念，其认为这是一种具有区位黏性的工业现象，可吸引具备相关技能的从业者集中于特定区域，从而共享空间集聚所带来的种种优势。这一过程的驱动力包括便捷的交通运输和高效的信息交流等。随后，德国经济学家阿尔弗雷德·韦伯（Alfred Weber）在工业区位理论的基础上，进一步分析了工业集聚的影响因素，并将之分为普遍适用所有工业的一般因素和特殊工业存在的特殊因素，前者指成本降低与收益提升，后者指独特的资源条件和交通优势。

进入 20 世纪，美国学者约瑟夫·熊彼特（J.A. Schumpeter）在《经济发展理论》一书中，对产业集群的成因进行了更为深入的探讨。书中强调某一创新成果的出现，往往会引发一连串相关联的创新活动，这些创新活动往往首先在经济发达区域涌现，且其空间分布并不均匀。基于此，熊彼特认为创新是产业集聚的重要催化剂，而产业集聚反过来又可加速创新的步伐，二者相辅相成，共同促进了区域经济的蓬勃发展。

系统阐述产业集群理论的是美国学者迈克尔·波特（Michael E. Porter），

1990 年其提出产业集群的概念。空间的聚集是产业集群形成的必要条件，在产业集群内部具有强劲、持续的竞争优势，产业集群内各个组织之间联系密切，可通过相互竞争与合作实现创新。波特将产业集群理论上升到国家层面，他运用钻石模型分析了国家之间的产业竞争优势，如图 3-2-1 所示。钻石模型六要素也正是影响产业集群形成的原因。

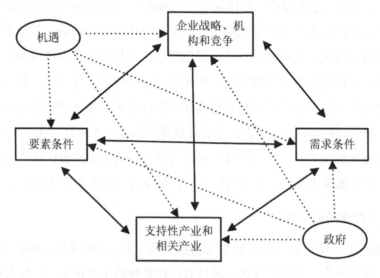

图 3-2-1　波特的钻石模型

综上，空间集聚是产业集群形成的前提条件，此外产业集群形成的影响因素可以被归纳为：资源禀赋、交通条件、市场需求、支持性产业和相关产业、科技创新、信息交流、政府的支持和发展机遇等。产业集群的效应分为外部经济和规模经济效应。产业集群的发展能够实现中间投入品的共享、劳动力聚集和知识溢出，也会因为产业集群内积聚着大量的资源和众多相关产业，而降低生产成本，实现规模经济。

产业集群可以被划分为五种结构类型：一是资源型产业集群，主要依托于区域得天独厚的资源条件。这一类产业集群发展历史较早，是我国产业集群的重要类型。二是大企业裂变型产业集群，由于体制改革等，大型国有和私人企业往往会通过改革将内部交易转化为外部交易，裂变出众多独立的小企业，这些小企业集聚在大企业周围，由此形成了产业集群。三是龙头企业带动型产业集群，产业集群以一个或多个大企业为核心，周围出现相关的配套企业。四是招商引资型产业集群，这是一种由于政府的外力推动而形成的产业集群，政府可通过政策等措施引入资金，资金的集聚能带来产业的集聚，形成产业集群。五是产业升级型产业集群，这类产业集群建立在当地的传统产业及企业家精神等基础之上，产业集群内的企业多为中小企业，可在技术进步等因素推动下促进传统产业升级发展，形成产业集群。

（二）产业融合理论

产业融合是科技进步和经济全球化发展的产物，这一现象产生于信息技术领域，随后拓展到各行各业，成为一种普遍存在的现象。20世纪70年代美国学者尼古路庞特（Negreoupone）对产业融合理论进行了初步探索。随后众多学者从内涵、类型、影响因素、效益多方面不断丰富和发展了产业融合理论。产业融合的内涵可以从技术、产品和产业三个角度得到阐述，从普遍意义上讲，产业融合指不同产业或同一产业不同行业相互渗透、交叉，最终融为一体，逐步形成新产业的动态发展过程。科学技术的发展、政府管制的放松、管理方式的创新、经济一体化、产业模块化、不同产业或企业间的并购和联盟、市场需求的变化等都是产业融合发展的影响因素。

判定产业融合程度可以通过多元线性回归模型等方法，利用统计数据进行定量分析，当然也可以通过现象问题进行质性分析。产业融合能够产生新业态，新业态的出现能迎合市场需求，也能创造新的产业增长点。产业融合从产业或企业的角度来说都具有积极效应。从产业角度来说，产业融合能推动产业结构的转型升级，提升融合后产业的资源配置效率，产业融合也可使得产业边界渐趋模糊，产业壁垒降低。从微观的角度来说，产业融合可提高企业的经营效益，刺激消费者的消费需求。

文旅融合是产业融合的一种，有学者基于"嵌入式"融合理论提出文旅融合的动力机制包括前端、中端和后端三方动力。前端为资源重构，文化资源和旅游资源具有融合的需求，可通过资源的重新组合提升资源价值推动文旅融合；中端为市场主体，市场主体需要提升自身影响力和竞争力，从而推动文旅融合发展；后端为旅游产业反哺文化产业和事业，文旅融合可使文化元素"嵌入"旅游产业的全产业链体系之中，从而实现文旅融合的性质转变，这种转变能够带动区域整体层面的文旅产业转型升级。

文旅融合能够产生旅游新业态。旅游新业态的产生既有需求改变、技术进步、政策引导等外部因素的推动，也涉及内部自身的创新、变革的拉动。文旅融合形成旅游新业态主要表现为三种途径：一是市场融合，市场变化可产生文旅融合旅游产品需求，人们对旅游产品的文化内涵要求提高，文化资源也需要通过一定的方式走向市场，因而形成新的市场需求；二是资源融合，通过文化资源旅游开发的方式，文化和旅游相融合，可形成文化旅游新业态；三是技术融合，新技术打破了原有的产业壁垒，使文化和旅游的融合成为可能。

（三）可持续发展理论

20 世纪中叶，可持续发展理念应运而生，这标志着人类对于发展模式与未来愿景的深刻反思。1962 年，美国生物学家蕾切尔·卡逊（Rachel Carson）以其力作《寂静的春天》为引，掀开了生态学蓬勃发展与环境保护意识觉醒的新篇章。1980 年由国际自然保护联盟、联合国环境规划署及世界自然基金会携手推出的《世界自然保护战略：旨在可持续未来的资源保育》，首次正式提出了可持续发展的概念。1987 年，世界环境与发展委员会（WECD）在其里程碑式的报告《我们共同的未来》中，提出可持续发展是一种既能满足当前世代需求，又不损害未来世代满足自身需求能力的发展模式。这一理念迅速获得了国际社会的广泛认可与共鸣。可持续发展被视为一个庞大而复杂的系统，它强调经济繁荣、环境保护与社会进步的和谐共生与相互促进。可持续发展涵盖多个维度，具体如下。

第一，经济韧性发展。可持续发展倡导经济稳健增长，可确保社会财富累积与经济实力增强，能为环境与社会领域的可持续进步奠定坚实的物质基础。这要求经济模式转型，从传统的资源密集型、环境损耗型增长路径，迈向资源高效利用、环境友好的集约型增长，实现经济与生态的双赢。

第二，环境和谐共生。鉴于自然生态系统的脆弱性与承载能力限制，可持续发展强调经济活动与生态环境之间的和谐共存。这意味着在追求经济增长的同时，我们必须坚守环境保护的底线，避免以环境牺牲为代价换取短期经济利益，确保经济发展与生态系统健康之间的动态平衡。

第三，社会可持续性。社会可持续发展要求实现社会成员间的公平，这既包括不同国家、不同地区间的横向公平，也包括不同代际间的纵向公平。受历史、文化、位置等因素的影响，不同国家、地区间的发展水平存在差异，但是这并不影响人们公平发展的权利。人类发展的最终目标是实现全社会的共同发展与进步。因此，实现可持续发展必须强调社会可持续，保障社会成员间的公平，没有公平就不能实现社会的稳定发展。

在可持续发展理论的影响下，人们开始关注旅游产业的可持续发展，1990 年全球国际大会提出旅游可持续发展。1995 年 4 月在西班牙召开的可持续旅游发展世界会议明确阐释了旅游可持续发展的含义并提出了基本框架。我国学者万幼清较早对旅游可持续发展进行系统研究，认为旅游可持续发展是"在生态与自然资源的承载力基础上，坚持'以人为本'观念，运用科技创新方法，维持生态系统与人文环境的动态平衡，可持续利用资源并且有助于经济与社会发展的旅游"[①]。旅游可持续发展成为旅游产业发展的新模式，要求旅游与经济、环境、社会相协调，实现旅游资源的可持续利用，这体现了公平性、可持续性、利益协调性和共同性思想。旅游可持续发展要求人们遵循可持续地利用资源、减少过度消费和浪费、促进地方经济发展、协调旅游相关各方等原则。想要实现旅游可持续发展，必须把发展放在首位，坚持以人为本，依靠科技创新。旅游产业的可持续发展与绿色发展具有共通性，其本质都是促进旅游产业绿色高效发展。因此，可持续发展理论为本书研究文旅产业绿色发展提供了理论指导。

（四）生态经济理论

在实际经济运作中，人类的关注点常聚焦于稀缺性资源，而那些自然丰沛且人类干预能力有限的资源，如太阳能与空气，在农业生产中虽不可或缺，却因供应稳定而常被视作既定条件，未被充分考量。因此，经济活动实质上聚焦于稀缺资源的有效分配与利用。值得注意的是，资源的稀缺性并非一成不变，它会随着人口增长与经济扩张而动态演变。古时，水资源、森林、草原及土地均相对丰富，而今，它们却已成为稀缺要素。更有甚者，人类经济活动引发的环境污染，使清新的空气与明媚的阳光也逐渐呈现出稀缺特征。

---

① 万幼清. 旅游业可持续发展的理论与实践 [D]. 武汉：华中科技大学，2004：16.

在经济发展初级阶段，经济活动主要聚焦于创造可满足基本生存需求的物质与部分文化产品，那时，经济活动的核心目标是维系生存，人们渴望摆脱贫困，迈向富裕，视财富累积为幸福增长的同义词。然而，随着社会的进步，经济活动逐渐转向为人们提供更多的促进个人发展的物质与文化产品，此时，追求幸福成为经济活动的核心驱动力，财富的累积与幸福的提升不再直接等同，社会价值观转向追求幸福的最大化，而非财富的最大化。经济增长在推动产品丰富的同时，也伴随着废弃物激增、环境污染、生态系统受损及资源压力加剧等问题，这些问题反过来侵蚀着人类的幸福感，并动摇着人类社会持续生存与发展的根基。一旦生态系统遭受根本性破坏，不仅幸福追求会成为空谈，连人类自身的存续都将面临严峻挑战。因此，为了保障当前及未来的幸福，我们应致力于实现一种可持续、环境友好且资源高效利用的经济增长模式，即生态经济模式。该模式旨在通过平衡经济发展与环境保护，确保人类社会的长期繁荣与福祉。

生态经济理论要求人口的增长速度与经济的发展规模都要在生态环境的承载能力范围内，如果超过生态环境的承载能力，生态环境就要受到较大的破坏，生态系统和经济系统就不能协调统一。因为要实现经济的不断增长，我们一方面要通过经济活动对生态系统进行干预，另一方面又要从生态系统中获取经济活动的必要资源。人作为经济活动的主体，同时又是生态系统中具有能动性的一员，也是对生态系统最直接的破坏者。正是因为人具有这种能动性，我们才能构建人工生态经济系统，并对其进行有效的调节与控制，才能实现经济和生态的协调统一和发展。

生态经济反映了生态供给与经济需求、生态效益与经济效益、生态平衡与经济平衡等关系，并以此探索生态系统和经济系统和谐统一的发展方式。具体来说，它包含以下内容：社会经济的发展要与环境的承载力相协调，以实现生态经济平衡；要实现人与自然的和谐统一，必须科学地组织经济再生产和生态环境再生产；要实现生态经济社会中总资源的优化配置，必须利用政府宏观调控和市场机制相结合的手段，在资源配置过程中使经济、社会和生态三个方面的目标都能协调发展；要实现高效的生产结构、分配结构、流通结构和消费结构，应建立资源节约型和综合利用型的产业结构与消费结构。

生态旅游就是要遵循生态经济协调发展的原则，在发展生态旅游的同时，要使资源环境不受到破坏，实现资源环境的可持续发展。具体来说，就是发展旅游产业。如果没有经济效益，就得不到群众的支持，就会影响群众参与生态旅游业及生态环境建设的积极性，生态效益难以获得；反过来说，如果只注重经济效益而忽视生态效益，生态环境就会遭到破坏，经济效益也不会长久。离开了生态的经济是脆弱而不可持续的，经济利益必须服从生态平衡，生态平衡是经济持续发展的前提和基础，经济效益是生态效益的保障，两者应紧密结合，齐头并举，使生态效益与经济效益都能得到协调发展。

生态旅游产业是一个开放的生态经济系统，我们应该处理好投入与产出的关系，把生产、生态与经济三方面目标结合起来，以达到最适投入、高产、高效的水平。它是最能典型集中地反映生态与经济矛盾的产业，因而它会造成生态旅游业在可持续性上的先天不足。因为从生态经济理论方面看，要发展生态旅游业，片面追求产量、产值和经济效益是远远不够的，这也是实现生态旅游业可持续发展所不足取的；从自然生态环境的角度看，系统环境的变化也会给旅游业的生态经济系统带来巨大的冲击和影响，这也是产生生态旅游业生产高风险与系统脆弱性的根本原因。在不断变化的环境下，生态旅游业的生态经济系统只有从自然、社会和经济等各方面作出根本性调整，才能适应新的生态环境要求。该理论阐述了生态旅游业可持续发展理论的基本点，提出社会—经济—自然复合生态系统的"整体、协调、循环和再生"原理，以寻求生态旅游产业发展在经济上既能尽量提高收益，又能维护资源和环境的最佳"切合点"。

二、文旅产业绿色发展影响因素

在探讨文旅产业绿色发展的影响因素时，结合绿色发展相关理论，我们可将其划分为六大维度进行深入分析，即旅游经济驱动力、旅游产业链支撑力、绿色旅游资源基础、消费结构转型力、科技创新推动力、环境管理优化力。以下是对这六大维度的具体理论分析。

（一）旅游经济发展

剖析旅游经济发展的内涵，可双轨并行：其一，聚焦于旅游产业经济总量的扩增，这不仅是产业规模扩展的直观体现，更是文旅产业蓬勃发展的强劲动力，它驱动着产业集群效应的显著增强，可为经济多元化贡献重要力量。其二，从产业结构优化的视角审视，旅游产业作为服务业的核心组成部分，其繁荣发展对经济结构的转型升级具有深远影响。这种转型不仅标志着经济体系向更高质量发展阶段的迈进，还促进了资源的高效配置与环境的友好发展。进一步而言，产业集群的形成与成熟程度，是衡量产业发展成熟度与竞争力的关键指标。在旅游领域，产业集群的发展水平直接关系到绿色发展的深度与广度。

（二）旅游支撑产业水平

产业聚集现象不仅体现了产业的集中布局，更构建了一个复杂而精细的分工合作网络，即产业集群。在这一体系中，各类产业相互依存，共同促进。近年来，旅游产业的蓬勃兴起，这较大程度上归功于旅行社服务质量的提升、住宿与餐饮行业的繁荣，以及整个旅游行业的全面进步。

旅行社在旅游服务供给中占据核心地位，是旅游线路规划、专业导游服务及全方位旅游接待等关键环节的提供者，是旅游产业坚实的支撑基石。在旅游体验的构成中，"食"与"住"作为六大基本要素之首，不仅是旅游消费的重要组成部分，更是衡量旅游品质的关键标尺。因此，住宿与餐饮行业的发达程度，直接关系到文旅产业绿色发展的深度与广度。此外，旅游活动本质上是一种空间跨越行为，而交通则是实现这一跨越的桥梁。高效的交通网络不仅能强化旅游资源的可达性，还能加速产业集群间资源要素的流通与整合。如今交通行业正朝着多元化、便捷化及环保化的方向发展，这一转变为文旅产业的绿色发展提供了强有力的支撑与保障。

（三）绿色旅游资源禀赋

绿色旅游资源的丰富度与品质，构筑了文旅产业迈向绿色发展的稳固基石。当此类资源既充裕又优质时，文旅产业便能在绿色转型的赛道上占据先机，拥有更强的市场竞争力和更广阔的发展前景，从而成为驱动其绿色化进程的核心动力。本书所界定的绿色旅游资源，其范畴已超越传统认知，它不仅涵盖了自然生态系统中固有的绿色宝藏，更融入了旅游开发全链条中的绿色哲学与生态价值创造理念。获得中华人民共和国文化和旅游部权威认证的旅游典范之地，犹如绿色旅游资源宝库中的璀璨瑰宝。其中森林公园、自然保护区、湿地公园及地质公园等区域，作为生态保护的重中之重，不仅维护了区域生态的平衡与健康，更为旅游产业的绿色升级提供了得天独厚的资源条件，其存在与品质可直接映射出文旅产业绿色发展的潜力与深度。同时，文化资源的挖掘与合理利用，同样能展现出不可忽视的生态价值，是绿色旅游资源体系中不可或缺的一环。随着文化旅游深度融合的浪潮，文化资源正以前所未有的活力融入旅游领域，无论是全国重点文物保护单位的物质文化遗存，还是多姿多彩的非物质文化遗产，它们不仅是地区文化特色的集中展现，更为文旅产业增添了深厚的文化底蕴与绿色发展的新动能。

（四）居民消费结构升级

消费引领生产，消费需求是拉动生产发展的重要动力。绿色发展要求高质量的消费引领，居民消费结构升级可以很好地反映居民消费质量的提升。居民消费结构升级要素主要通过居民消费需求量的增加、消费需求质的提升和居民收入水平的提升对文旅产业的绿色发展起作用。马斯洛需要层次理论是关于需要结构的理论，它将人的需要划分为生理需要、安全需要、社交需要、尊重需要和自我实现需要五个层次。根据马斯洛的需要层次理论，旅游消费多为实现自尊和自我实现的需要，是在低层级需要得到满足的基础上才会产生动机的需要。所以旅游消费是高层级的享受型消费，这种特殊性决定了旅游消费对于旅游产品质量的要求较高，文旅产业只有朝着绿色发展方向转型升级，才能够提供符合消费者需求的产品。同时，居民收入水平不断提升，为旅游消费提供了物质基础，刺激着旅游消费需求量的增加，特别是高质量旅游消费需求的增长，因而居民的收入水平对于文旅产业的绿色发展具有促进作用。

（五）科技投入水平

科技创新是绿色发展的驱动力，文旅产业的绿色发展需要科技条件的支撑。一方面，科技投入越多，发展水平越高，越能为产业绿色发展提供更多的绿色科技成果，并将其转化为生产力，直接推动产业的绿色发展。另一方面，科技能够动态反映文旅产业内部产业发展效率，提升产业资源投入产出效率，进而提升产业绿色化水平。科技投入主要体现在以互联网为代表的基础设施建设、社会科技成果、科技人才、企业科技投入这四方面。互联网是现代科技发展的基础条件，任何科技成果的运用和发展都以要畅通的网络条件为前提，因而互联网的覆盖是文旅产业绿色发展的重要条件。社会科技成果代表了社会科技创新能力和科技创新的热情，表征着社会总体的科技创新环境状态。

一般而言，社会科技成果越多，区域的科技创新能力越强，越有利于文旅产业绿色发展。人才是科技创新的主力军，人才数量的多少和人才素质的高低会直接影响当前科技发展水平和未来发展潜力。科技人才可通过自身知识去影响技术、生产等要素，利用高科技知识去解决绿色发展过程中的难题，他们推动着产业的绿色进程。产业集群内的企业是科技创新最活跃的主体，企业的科技投入越多，发明专利越多，代表企业对绿色发展相关技术的突破就越大，对产业绿色发展的影响就越强烈。

（六）环境治理水平

环境作为某一主体周遭所有外部条件的总和，其内生态环境特指由诸多生态要素交织而成的外界环境。区域绿色生态环境的治理成效与现状，构成了其不可或缺的外部生态基石。强大的区域生态环境治理能力，不仅能够有效优化整体环境生态面貌，为产业集群的绿色崛起铺设绿色通道，还能精准应对产业集群运作中产生的废水、废气等环境挑战，可有效遏制其带来的负面生态效应。文旅产业的绿色转型之路，须紧密依托并持续优化这一生态基石。生态环境的质量，直观体现在水质、空气质量及植被状况等多个维度。清新的空气与茂密的植被，共同编织出一幅幅绿意盎然的画卷，为文旅产业的绿色发展提供了不可或缺的绿色背景。生态环境的状态并非一成不变，而是处于动态调整之中。我们要通过加大环境治理力度，强化绿化投资，提升区域植被覆盖率，积极干预并改善生态环境质量，进而推动文旅产业向更高层次的绿色化迈进。

三、文旅产业绿色发展评价指标体系构建

生态创新是一种前沿的发展哲学，它聚焦于在确保自然生态得到有效维护的基础上，依托科技革新与管理模式的优化升级，构建经济发展与环境保护的双赢格局。在文化旅游领域内，这一绿色驱动策略的实践已展现出令人瞩目的积极成果。

首先，生态创新引领了文旅产业向绿色发展的深刻转型。传统模式下，文旅

产业的经济增长往往伴随着环境代价，而生态创新则倡导在尊重环境边界的前提下推动产业进步。运用环保材料和节能技术，有效减轻了产业活动对环境的压力，实现了文旅产业的绿色化进程。其次，生态创新激发了文旅产品与服务的质量飞跃。在这一理念的驱动下，文旅产业致力于提供更加环保、健康且富有品质感的旅游体验。绿色旅游产品的诞生与生态旅游线路的推广，让游客能够更亲近自然，享受绿色之旅。同时，生态创新还促进了文旅产业与农业、林业等行业的数字化融合，丰富了旅游产品的种类与层次，构建了更加多元化的旅游服务生态。最后，生态创新为文旅产业开辟了广阔的发展蓝海。随着社会对环保和健康议题的日益重视，绿色旅游已成为市场的新趋势。文旅产业通过生态创新，不断挖掘绿色旅游资源的潜力，打造独具特色的绿色旅游产品，满足了消费者对高品质旅游体验的需求，从而赢得了市场的青睐与认可。

诚然，要成功推进生态创新以助力文旅产业迈向绿色发展的道路，尚需社会各界倾注更多心力。这不仅需要政策制定明确的绿色标准和指导方针，为文旅产业指明绿色转型的路径，而且需要企业加大对环保技术的研发与应用投入力度，积极探索低碳、节能、环保的运营模式。

为全面评估文旅产业绿色发展的现状与潜力，我们需基于系统分析的视角，深入剖析影响绿色发展的各类因素，并通过科学构建文旅产业绿色发展评价指标体系，为产业绿色发展的监测、评估与指导提供有力支撑。

（一）评价指标的选择

1. 指标选择遵循的原则

（1）科学性原则

科学性原则着重于指标体系的根基、阐释及量化标准的科学性，强调确保所有选定的指标均植根于坚实的理论框架，并紧密贴合文化旅游产业向绿色转型的实际需求。其构建出的评价系统需遵循统一的规范与标准，旨在无偏地、精确地映射出文化旅游产业绿色发展的现状与成效。

（2）系统性原则

文化旅游产业的绿色转型体系是一个多维度、交织共生的宏大构造，涵盖了经济、环境等多个领域，这些领域间紧密关联、彼此作用。为了实现对这一体系绿色发展程度精确、恰当且全面的评估，我们必须确保所有关键维度在构建的指标框架内均获得充分且合理的体现。通过精心设计多层次、分级别的指标结构，我们能够搭建起一个条理清晰、逻辑严密的指标体系，进而确保整个评估流程既客观又全面，还可充分反映文化旅游产业绿色发展的真实面貌。

（3）可获取性原则

指标的可获取性是衡量其实施难易度的核心要素，同时也是评判该套标准体系能否在实际操作中体现其价值的决定性因素。在选择过程中，我们应倾向于那些易于执行且能转化为具体数值的指标，以确保其具有可量化、处理简便、评估流程高效的特点，从而精准地评估文化旅游产业的绿色发展状况。那些虽能揭示绿色发展态势，但难以通过直接数据手段得到衡量的标准，不宜被纳入整体的评估体系框架内。

（4）可比性原则

在构建指标体系时，我们应着重挑选具有标准化定义和衡量尺度的指标元素。要确保不同时间、空间维度下的评估结果能够相互对照与比较，进而增强所构建体系对文化旅游产业绿色转型成效评价的一致性和有效性。

2.评价指标内容

要基于绿色发展的多维度理论探讨，对文化旅游产业中促进绿色转型的指标体系进行深入剖析与筛选。目标层为评价的最终目标，要素层可反映影响目标层实现的因素，指标层为要素层的具体体现。

旅游经济发展要素指标：选取旅游总收入、国内外游客接待量反映旅游产业的发展规模水平。用旅游总收入占地区生产总值的比重反映文旅产业发展对地区经济发展的带动作用。选取基于全国水平的区位熵反映产业集群水平。

旅游支撑产业水平要素指标：选取旅行社数量反映旅行社的产业规模水平。选取限额以上住宿业和餐饮业营业额反映餐饮和住宿业的服务接待能力和水平。选取公路客运量、铁路客运量、航空客运量之和构成客运总量指标反映旅游行业的接待能力。选取公路总里程反映旅游行业的基础条件。

绿色旅游资源禀赋要素指标：选取4A级以上旅游景区数、国家级旅游示范点数、国家级自然类公园数反映文旅产业绿色发展的生态旅游资源基础。其中国家级旅游示范点数为全国休闲农业与乡村旅游示范点数和全域旅游示范点数之和，国家级自然类公园数为国家级森林公园、国家级自然保护区、国家级湿地公园、国家级地质公园数量之和。选取省级以上重点文物保护单位数、省级以上非物质文化遗产项目数反映文旅产业绿色发展的文化资源禀赋。

旅游消费结构升级要素指标：基于数据的可获得性，分别选取城镇和农村居民恩格尔系数反映居民消费结构。选取城镇和农村居民人均可支配收入反映居民收入水平和支付能力。选取城镇和农村居民人均服务性消费支出反映旅游等服务性消费支出水平。

科技投入水平要素指标：选取互联网用户数量反映区域互联网覆盖水平。选取高等学校在校生人数反映人才供给，进而反映科技发展的潜力。选取规模以上工业企业 R&D 经费（全社会研究与试验发展经费）支出反映产业集群内企业的科技创新能力。选取专利申请授权量表明社会整体科技创新能力和创新环境状态。

环境治理水平要素指标：选取森林覆盖率反映森林生态资源覆盖情况，用以衡量产业集群所在区域整体的生态环境状态。选取空气质量达标率反映区域空气环境质量和空气污染治理能力。以城市污水处理率衡量产业集群对污水的处理能力水平。选取单位 GDP 能耗反映区域平均能耗，即单位产值对环境的污染程度。

（二）确定指标权重与评价方法

1. 权重分配

首先，要采用科学的方法来确定各指标的权重，常用的方法包括主观赋权法和客观赋权法。主观赋权法主要依赖专家的经验和判断，如德尔菲法、层次分析法等；而客观赋权法则基于数据本身的特征来确定权重，如主成分分析法、离差最大化法等。实际应用时，为了兼顾主观洞察的深刻性与客观数据的准确性，人们常采取两者相结合的复合策略，从而更全面地反映各指标在综合评价体系中的实际权重。

在分配各个指标的权重时，我们需全面审视多重考量因素。环境保护意识的强化，作为文旅产业绿色转型的基石，应占据较高的权重比例。此外，景区环境污染的有效管控及环保设施的稳健运行，作为衡量产业环境影响的直接标尺，同样应被赋予显著权重。至于社会责任领域的指标，诸如旅游从业者的安全健康保障与福利待遇，以及产业对地方社区的正面贡献，它们能彰显文旅产业的社会担当与地域融合，亦需获得合理权重的认可。至于经济效益，虽为核心考量之一，但在绿色发展的综合评价体系内，其权重设定需趋于平衡，旨在促进经济、环境与社会福祉的和谐共生。

2. 确定评价方法

想要评价文旅产业绿色发展评价指标，可以综合运用定性和定量分析方法，以确保评价的科学性和准确性。以下是具体的评价方法。

问卷调查与访谈：针对环境保护意识、游客体验等指标，我们可以设计问卷，通过游客、从业人员和社区居民的反馈来收集数据。可以访谈旅游管理者、当地社区代表等，深入了解他们对绿色发展的认知和实践情况。

实地考察与观测：对景区污染控制、环保设施运作等指标进行实地考察，观察景区的实际情况，如废弃物处理、噪声控制等；使用专业仪器监测水质、空气质量等环境指标。

数据统计与分析：收集旅游总人数、游客人均花费等经济数据，进行统计分析，以评估文旅产业的经济效益；对各项指标的数据进行整理和分析，运用统计学方法找出数据间的关联性和趋势。

综合评价模型：构建综合评价模型，将各个指标的评分加权平均，得出文旅产业绿色发展的总体评分。根据权重分配，对不同指标进行加权处理，以反映各指标在绿色发展中的重要性。

比较分析法：将同一时期不同文旅产业的绿色发展指标进行横向比较，找出优势和不足；对同一文旅产业在不同时期的绿色发展指标进行纵向比较，分析其发展趋势和改进效果。

专家评估法：邀请相关领域的专家对文旅产业的绿色发展进行综合评价。结合专家的专业知识和经验，对评价结果进行修正和完善。

（三）数据收集与监控

1. 数据收集

文旅产业绿色发展评价指标的数据搜集，是一个多维度、整合性的工作流程，涵盖了广泛的领域与细致的操作步骤。为了保障所收集数据的精确性与可信度，我们必须综合运用多样化的方法与技术手段。

从政府部门和公共机构获取数据：例如，国家统计局、文化和旅游部门、环境保护部门行政机构及环境保护管理部门等，均能提供极具权威性和精确性的数据资料。此外，公开渠道发布的权威报告，如《中国统计年鉴》系列及《中国旅游统计年鉴》等，也是我们获取全国或特定区域文旅产业相关数据的重要途径，这类报告为深入剖析产业现状提供了丰富的数据支撑。

进行实地调查和观测：通过实地考察景区、旅游设施等，直接获取关于环境保护与污染控制等方面的第一手资料。具体而言，这包括对景区废弃物管理模式的细致观察、噪声污染水平的实地测量，以及对环保设施运行状态的专业评估等。

开展问卷调查和访谈：针对游客、旅游从业人员和社区居民等利益相关者精心设计问卷与访谈框架，收集他们对绿色发展的直观感受、价值取向及改进建议，从而得到更为详尽、深入的数据资料。通过此方式，我们能够更精准地识别产业发展中面临的挑战与不足，为后续的改进策略提供有力支持。

利用科技手段进行数据监测：依托先进的科技工具，如遥感卫星、智能传感器等，进行高效的数据监测。这不仅能够获得连续不断、动态更新的环境数据，还能察觉潜在的环境问题，进而采取及时有效的应对措施。

合作与信息共享：积极寻求与行业协会、专业研究机构及企业的深度合作，共同构建数据共享与研究成果交流的平台，以汇聚更广泛的数据资源，并吸收来自不同领域的宝贵见解与研究成果。

2. 数据监控

对汇聚的数据实施即时监察，要求我们构建一个集成化的数据管理核心，该核心具备即时接收、加工及深度洞察数据的能力。以环境管理为例，监测自然景观的水体纯净度及空气质量状况，能迅速捕捉到潜在的污染迹象；而环保设施运作数据的追踪，则保障了这些设施的有效运行与性能达标。

同时，数据的周期性审查与分析也是关键一环。借助与过往数据及业界标杆的对比分析，我们可以清晰地辨识出绿色转型道路上的薄弱点与增长潜力，从而为制定有针对性的战略规划提供有力支撑。比如某旅游区域废弃物管理效率未及业界标准，我们可据此定制提升方案，以优化其资源循环利用效能。

此外，数据监控还应包括对异常数据的预警机制。一旦某个指标的数据出现异常波动，系统应能自动触发警报，以便管理人员及时响应。比如，如果游客满意度突然大幅下降，这可能意味着服务质量出现了问题，需要立即进行调查和改进。

最后，数据监控的结果应定期向利益相关者报告，包括政府部门、投资者、社区居民等。这样不仅可以增强透明度，还能促进各方共同参与文旅产业的绿色发展。

（四）体系更新与优化

文旅产业绿色发展评价指标体系的完善与升级，是一个顺应时代变迁、不断演进的过程。其核心目标在于确保评价体系能够紧密跟随行业发展的步伐，精准捕捉并反映文旅产业在绿色转型过程中的最新动态与成效。

首先，定期对既有的绿色发展评价指标体系进行回顾与审视，深入剖析各项指标的实际效能、敏感程度及与文旅产业现状的契合度。要通过细致的评估辨识出传统指标和创新指标。例如，随着环保科技的日新月异，部分环境指标的阈值或评判依据需适时更新；同时，针对新出现的环境挑战，我们也应考虑纳入相应的评价指标，以确保评价体系的全面性与前瞻性。

其次，鉴于文旅产业持续演进的新趋势与面临的挑战，适时对评价指标体系实施必要的调整与更新显得尤为关键。例如智能化管理平台的普及水平、数字化服务体验的质量标准等。此外，针对生态旅游、乡村旅游等新兴旅游模式的崛起，我们亦需量身打造专属的评价指标，以精准衡量这些领域在绿色发展方面的实践成效与特色优势。

再次，在更新与优化过程中，我们还应注重数据的收集和分析。通过收集文旅产业的最新数据，我们可以了解行业发展的新动态，从而为评价指标体系的更新提供依据。例如，通过分析游客的行为数据、消费数据等，我们可以洞察游客的需求变化，进而调整相应的评价指标。

从次，与行业内外的专家学者、企业代表等进行深入交流和合作也是非常重要的。他们可以提供宝贵的意见和建议，帮助完善评价指标体系。例如，我们可以定期举办研讨会或座谈会，邀请各方代表共同探讨文旅产业绿色发展的新趋势和挑战，以及如何调整评价指标体系以更好地反映这些变化。

最后，需要注意的是，评价指标体系的更新与优化是一个持续不断的过程。随着文旅产业的不断发展和变化，我们需要时刻保持敏感性和灵活性，及时调整和完善评价指标体系，以确保其始终能够准确反映文旅产业的绿色发展状况。

四、生态创新促进文旅产业绿色发展的内容

（一）理念创新

随着全球对环境保护意识的觉醒，可持续发展与生态文明观念日益深入人心。在此背景下，作为国民经济支柱之一的文化旅游产业，正站在转型的风口浪尖，面临着前所未有的变革压力。为了迎接挑战，我们必须实施理念革新，将生态文明与可持续性的思想融入文旅产业，引领其向绿色、高效、持久的发展轨道迈进。

将生态文明与可持续发展的理念视为文旅产业前行的指南针，这不仅体现了我们对自然与文化的尊重，更是我们对未来传承的责任担当。此举旨在促使文旅产业在拓展进程中，将生态保护与修复置于首位，确保自然资源与文化遗存的合理利用与传承，进而实现经济、社会与环境的和谐共生，共同构筑一个全面协调发展的美好未来。

1. 生态文明理念的引入与实践

生态文明作为人类文明进阶的标志，根植于人们对自然界的敬畏之心，旨在促进人类间、人类与自然，以及人类与社会之间的和谐共存。其核心在于构建一种能够持续运作的生产与消费模式，引导社会步入一条稳健且和谐的进步之路。这一理念呼唤着我们在追求经济繁荣的同时，必须将生态保护置于同等重要的位置。

（1）规划先行，科学布局

文旅产业蓝图的绘制需严谨考量生态系统的承受限度，实现旅游基础设施与项目布局的精妙融合。要通过缜密规划，规避过度挖掘与无序扩张，力求旅游发展与生态保护步调一致。此外，要强化旅游资源评估与监测机制，确保资源状况的动态掌握，为科学规划与决策奠定坚实基础。

（2）推广绿色旅游，倡导低碳出行

绿色旅行作为生态文明观念在文旅领域的生动实践，正引领着行业的新风尚。人们应踊跃推广诸如生态探险、田园休闲等绿色旅游产品，鼓励游客投身于环境保护的实际行动之中，从而深化其环保理念。此外，我们还应积极倡导低碳出行新风尚，比如骑行畅游、徒步探索等，以此减少碳足迹。

（3）加强环境教育，提高公众参与度

深化环境教育理念，提高游客与从业者的环保自觉，是践行生态文明的关键路径。要在旅游胜地设立环保宣传阵地，举办环保教育讲座与实践活动。同时，要激发公众与从业者参与环保志愿服务的热情，使其携手构筑生态环境保护的坚固防线，共筑绿色未来。

2. 可持续发展理念的贯彻与实施

可持续发展是一种旨在平衡当前需求与未来潜力的发展范式，其核心在于维护环境健康的同时，确保当代人类需求得以满足，而不剥夺后代享有同等满足的机会。将此理念融入文旅产业，即在珍视自然资源与文化遗产的基础上，谋求旅游业的持久繁荣。

（1）保护自然资源，实现资源的可持续利用

自然资源是文旅行业蓬勃发展的基石。强化自然资源的保护需制定并执行严谨的保护策略与管理规范，遏制无度开采与破坏行为。此外，要大力倡导资源的循环再生与高效利用理念，推动形成资源节约型的发展模式，为文旅产业的可持续发展奠定坚实基础。

（2）传承与弘扬文化遗产，促进文化的可持续发展

文化遗产是文旅产业的核心吸引力之一。人们应加强对文化遗产的保护和传承，挖掘其历史价值和文化内涵，推动文化的可持续发展。同时，要通过文化旅游活动，让游客深入了解文化遗产的魅力，增强文化自信。

（3）推动产业融合发展，提高综合效益

文旅产业的发展需要与其他产业相融合，形成产业链条和产业集群。人们应积极推动文旅产业与农业、工业、教育等产业的融合发展，提高产业的综合效益和竞争力。同时，要通过产业融合，推动区域经济的协调发展，实现可持续发展的目标。

3. 理念创新对文旅产业发展的意义

引入生态文明和可持续发展的理念对文旅产业的发展产生了深远的影响。首先，这一理念推动了文旅产业向更加环保、高效、可持续的方向发展，提高了产业的整体素质和竞争力；其次，通过实践生态文明和可持续发展的理念，人们成功地保护了自然资源和文化遗产，为后代留下了宝贵的财富；最后，这一理念还

促进了文旅产业与其他产业的融合发展，推动了区域经济的协调发展和社会全面进步。

总体来说，引入生态文明和可持续发展的理念是文旅产业发展的必然趋势和内在要求。人们应深入理解和贯彻这一理念，推动文旅产业向更加环保、高效、可持续的方向发展。同时，要加强国际合作与交流，共同推动全球文旅产业的可持续发展进程。

（二）产品创新

文旅产业的持续发展，其核心引擎在于产品创新。当前，随着社会对环境保护意识的增强及对文化沉浸体验的向往，绿色旅游产品的研制与地域文化元素的深度融合，正逐步成为业界的新风尚。本书将聚焦于这两大趋势，深入剖析产品创新的策略与实施路径。

1. 绿色旅游产品的开发与实践

（1）生态旅游线路的设计

伴随城市化浪潮的推进，公众对自然世界的向往愈发强烈，为了响应这一社会需求的增长，文旅企业大力开发生态旅游线路。企业通过深度勘探与整合各地自然资源，考察当地独特的地形景观、植被分布及野生动植物多样性，精心策划了一系列别具匠心的生态旅游路径。

这些精心规划的路线，不仅能够让游客欣赏到壮丽的自然景观，而且旅程中的环保教育能让游客提高环保意识。路线规划刻意绕开生态脆弱地带，以最小干预原则确保游客活动对自然环境的无害性。此外，文旅企业配备的专业向导通过互动讲解，可使游客在观光的同时树立起环境保护的自觉意识。

（2）环保住宿设施的创新

传统旅游住宿常以豪华享受与极致舒适作为吸引游客的亮点，这导致环境保护的考量常被边缘化。为扭转这一趋势，业界正积极打造既符合可持续发展原则，又能为旅客提供清新、健康居住体验的住宿设施。

在建造住宿设施的过程中，首要之选倾向于那些可再生与可循环利用的建材资源，如竹制品、木材及天然石材等。在设计环节中，我们也要深入贯彻节能与环保的核心理念，如部署太阳能热水器，以自然之光供应热水；采用节能型照明设备，有效削减电力消耗。此外，引入雨水收集机制与中水回收利用系统，可实现水资源的智慧管理与高效循环。

在硬件设施不断革新的同时，软件服务层面也要得到显著的强化。在住宿场所内，应精心准备环保教育资料，引导游客积极参与环保行动。并且要通过与本地环保团体的紧密合作，策划一系列生态保护体验活动，让游客在实际行动中可以深刻体会环境保护的紧迫性。

2. 地方文化元素的融合与创新

（1）挖掘地方文化资源

每一地域都承载着其独有的文化底蕴与历史脉络，为了将这些珍贵的文化遗产转化为吸引游客的旅游产品，我们要深入探索各地的历史故事、民俗风韵以及匠心独运的手工艺品，并将其巧妙地融入文旅项目的每一个角落。

以某古镇为例，我们可以通过精心编排的演艺活动将精心搜集并整理的当地的民间传说与历史轶事以生动鲜活的形式呈现给游客。同时，我们可以诚邀当地的手工艺大师亲临现场，让游客在观赏中感受传统文化的魅力，也在互动中促进当地文化的传承与繁荣。

（2）创造具有地方特色的文旅产品

地方文化元素的精妙融合，其核心在于创意的火花。依据地域独特的文化标识，我们可以策划一系列独具地方风情的文旅商品。这些商品不仅需深刻映射出当地文化的深厚底蕴，还需巧妙满足游客对个性化的追求。

某少数民族聚居区创新设计了一款围绕其民族特色图案展开的文创系列。这些图案被赋予了新的生命力，被编织进服饰的纹理、家居饰品的装饰及特色纪念品的造型之中。游客在挑选这些商品的同时，也是在进行一场关于当地文化魅力的深度体验。

3. 产品创新的挑战与机遇

在产品演化过程中，诸多挑战接踵而至。首要难题在于如何精妙地调和经济效益与环境保护之间的天平。部分企业在追逐利润最大化时会忽视环保的深远意义。然而，随着社会对环保议题关注度的急剧攀升，这种偏重短期利益的策略愈发显得难以维系。鉴于此，坚守绿色生态与可持续发展的核心理念，已成为不可动摇的趋势。

同时，产品创新也为文旅企业带来了巨大的机遇。通过开发绿色旅游产品和融合地方文化的文旅产品，文旅企业可以吸引更多的游客前来体验。这不仅有助于提升企业的知名度和美誉度，还能为当地经济带来可观的收益。更重要的是，这些创新产品有助于推动文旅产业的转型升级和可持续发展。

产品创新是推动文旅产业发展的重要力量。通过开发绿色旅游产品和融合地方文化的文旅产品，文旅企业可以为游客提供更加丰富、多样的旅游体验。在未来的发展中，人们将继续探索和创新更多的产品类型和应用场景，以满足不同游客的需求和期望。同时，人们也将加强与政府、企业和社会各界的合作与交流，共同推动文旅产业的可持续发展进程。

（三）技术创新

在文旅产业的发展中，技术创新是促进产业结构优化升级、迈向生态友好型发展的关键推动力。在对低碳排放、环境保护及可持续增长的普遍呼吁下，技术创新显得至关重要。下面，本文将聚焦于生态友好型技术和数字化科技两大维度，深入剖析技术创新如何渗透并塑造文化旅游产业的未来路径与广阔前景。

1. 环保技术的应用与探索

鉴于环境议题逐渐显化，环保科技在文旅产业的进步中占据了至关重要的地位。要利用生态友好型建筑、可持续能源利用等环境友好技术，显著减少旅游基础设施对自然环境的负担，推动形成环保、节能的旅游新模式。

（1）节能建筑的应用

在旅游基础设施领域，节能建筑技术的融入具有举足轻重的意义。采用高级建材、精妙设计及前沿节能体系，能深刻削减建筑能耗。如引入高效绝热材料搭配多层玻璃窗设计，可有效遏制能源耗散与热量流失；而太阳能集热器与地热泵等可再生资源设备的应用，则可实现建筑热水供应与取暖的绿色转型，同时智能建筑管理系统的应用能精准监控并动态调节能耗。

此外，节能建筑亦强调与周遭生态环境的和谐共生。在设计过程中，我们应深入考量地域自然风貌、气候条件及文化底蕴，力求建筑作品与自然景观的和谐统一。譬如，在风景名胜区内，我们常可见到融合当地古韵、采用本土材料与技术建造的建筑，它们不仅保留了地域特色，更与周边环境相得益彰。

节能建筑技术的广泛运用，不仅降低了旅游设施的能耗成本与维护开支，还提升了游客的旅行体验，实现了经济效益与环境保护的良性循环。

（2）可再生能源的应用

可再生能源是环保技术版图的关键一环，对于文旅产业的绿色发展尤为关键。该领域巧妙借助太阳能、风能、水能等自然能源，可为旅游设施提供清洁的电力与热水解决方案。譬如，在光照充沛的区域，部署太阳能光伏板，将阳光直接转化为电能，赋能景区照明、交通系统等基础设施；太阳能热水系统则可为游客带来便捷舒适的热水体验。

除太阳能外，风能与水能同样是可再生能源的瑰宝，可在特定环境中展现其独特价值。风能可有效转化为电能，支持当地旅游设施运作；而在水流湍急或水量充沛之地，小型水电站则能成为稳定电力供应的可靠来源。

依托可再生能源的广泛应用，我们不仅能够减少对化石燃料的依赖，显著降低碳足迹，还能激发地方经济的新增长点。此外，这种绿色技术的应用更是旅游目的地的特色亮点。

2. 数字技术的应用与创新

（1）促进文旅产业的可持续发展

通过数字技术，如大数据和物联网，文旅企业可以实时监控资源使用情况，包括能源消耗、水资源利用等，从而实现资源的合理分配和有效利用，减少浪费。数字技术可以帮助景区更准确地预测和调控游客流量，避免过度拥挤和资源过度开发，可保护自然和文化资源不受过度旅游的破坏。

利用人工智能技术，文旅企业可以为游客提供更加智能的旅游规划建议，包括行程安排、交通方式选择等，以减少不必要的行程和能源消耗。

（2）增强游客的环保意识与体验

通过数字平台，如移动应用、社交媒体等，文旅企业可向游客传播环保知识和景区的生态保护措施，提高游客的环保意识。

借助虚拟现实（VR）技术，游客可以在不实际到访景区的情况下进行虚拟参观，减少对自然环境的直接干扰。

（3）提升环境保护效率与效果

数字技术可以实现环境的实时监测，包括空气质量、水质状况等，一旦发现异常情况，相关人员能够迅速作出反应并采取措施。

通过数据分析和模拟，文旅企业可以更科学地设计和实施生态保护项目，提高保护工作的效率和效果。

（4）创新文旅产业的环保商业模式

数字技术可以帮助文旅企业开发更多基于环保理念的旅游产品，如生态旅游、低碳旅行等，满足游客对环保旅游的需求。

文旅企业可通过数字技术追踪游客的碳足迹，并提供碳补偿服务，鼓励游客参与环保行动。

3. 技术创新对文旅产业的深远影响

环保与数字科技的深度融合，为文化旅游领域开辟了前所未有的创新路径，并对该产业结构产生了深刻且长远的影响。一方面，这些前沿技术的应用加速了文旅产业向环保、低碳、可持续发展的绿色转型；另一方面，数字技术增强了文旅服务的智能化与个性化水平，为游客打造了前所未有的便捷与高效体验。此外，技术创新还催生了文旅与其他行业的跨界融合，推动了产业多元化发展，为整个领域注入了勃勃生机与创新活力。

综上，技术创新是推动文旅产业不断前行的核心驱动力。环保与数字技术的融合应用，不仅有效缓解了旅游活动对环境的压力，还丰富了游客的文化探索与旅行享受。展望未来，我们将持续探索新技术、新应用，不断拓展文旅产业的新边界，为其可持续发展奠定坚实的基础。

（四）管理创新

在旅游业蓬勃发展的同时，其对自然与环境的影响也愈发显现，促使文旅行业将绿色发展视为核心目标之一。在此背景下，管理模式的革新成为业界亟须探讨的关键课题。本书将聚焦于构建全面高效的环保管理框架与深化跨部门协作机制两大维度，深入探讨管理创新的策略与路径。

1. 建立完善的环保管理体系

（1）制定环保政策与标准

构建健全的环保管理体系的首要步骤，是确立清晰具体的环保政策与规范标准。这一体系涵盖旅游目的地的环境保护规划、污染物排放标准、资源高效利用的策略，以及废弃物管理的科学指导原则。通过这些详尽的政策与标准制定，相关部门旨在为旅游业界及广大游客树立明确的环保行动指南。

（2）设立环保监管机构

为了保障环保政策与标准的切实执行，我们必须设立专门的环保监督机构。该机构的职责是严密监控旅游景区的环境保护工作，定期对旅游经营单位进行环保审核与绩效评估，确保其达到环保标准。此外，该机构还需高效处理环保相关的投诉与举报案件，维护旅游景区的生态平衡与环境质量。

（3）推广环保技术与设备

采用前沿的环保技术与设备，是提升旅游景区环保效能的关键策略。具体而言，引入太阳能、风能等可再生能源技术，可减少对化石燃料的依赖。同时，我们也可以推广生态厕所与高效污水处理系统，以优化废弃物处理流程。这些环保技术与设备的广泛应用，将有效减轻旅游活动对自然环境的负担。

（4）加强员工培训与教育

员工是旅游景区环保工作的关键执行者，因此强化员工的环保教育与培训显得尤为关键。通过定期策划并举办环保知识分享会、实践操作训练等活动，我们可以深化员工的环保意识和提升其环保技能。此外，要构建正向激励机制，表彰并奖励优秀员工，以激发全体员工的积极性，共同推动旅游景区向绿色、可持续的发展道路迈进。

（5）建立环保信息管理系统

建立完善的环保信息管理系统，有助于实时监测旅游景区的环境状况。该系统应涵盖空气质量、水质状况、废弃物处理等多个方面，要能为管理者提供及时、准确的环境数据。通过对这些数据的分析，管理者可以及时发现环境问题，并采取有效措施进行整改。

2.加强与相关部门的合作

（1）与政府部门密切合作

在推动文旅产业绿色发展中，政府部门扮演着不可或缺的角色。文旅企业应积极促进与政府部门之间的沟通与合作，携手推动环保事业的发展。如参与到政府主导的环保项目之中，争取政策上的指导与资金上的援助；将环保实践中遇到的问题及时反馈给相关部门，共同制订解决方案。

（2）与科研机构合作研发

科研机构在环保科技及设施的研发上可展现出卓越的专业能力。文旅企业应主动寻求与科研机构的合作契机，共同开发适用于景区的环保技术与设备，同时借助科技推动旅游景区不断升级，减轻对自然环境带来的压力。

（3）与环保组织建立合作关系

环境保护组织在环保领域积累了深厚的经验与资源。文旅企业可与组织携手建立合作桥梁，共同开展环保宣传与教育项目。这些活动旨在加强游客及员工对环境保护的重视，加速文旅产业向可持续发展的方向迈进。

（4）加强行业内的交流与合作

在文旅产业内，企业间的互动与合作是驱动绿色转型的关键环节。文旅企业应踊跃参与行业盛会与研讨活动，交流环保实践的经验与成功案例。要通过行业内的交流与合作，共同促进整个文旅领域环保标准的提升。

管理创新是推动文旅产业绿色发展的关键所在。通过建立完善的环保管理体系和加强与相关部门的合作，文旅企业可以有效降低旅游活动对环境的影响，实现经济效益与环境保护的双赢。展望未来，随着科技的进步和社会的发展，文旅产业将面临更多的机遇和挑战，我们应继续深化管理创新实践，探索更加科学、高效的环保管理模式和合作机制，为文旅产业的绿色发展贡献力量。

（五）营销创新

当今世界，绿色转型已成为全球瞩目的议题。文旅产业处于国民经济支柱地位，其绿色发展对于促进整个社会可持续进步的重大意义不言而喻。在此背景下，利用创新的营销手段来宣扬文旅产业的绿色理念与实践成果，提升品牌的社会影响力，已成为业界亟待解决的难题。本书将从绿色营销战略与网络互动策略两个维度切入，深入剖析如何推动文旅产业向更加绿色、生态友好的方向发展。

1. 绿色营销策略

（1）明确绿色营销目标

首先文旅企业需确立绿色营销的战略愿景，这涵盖了对绿色发展理念的广泛传播，可展示其在环境保护、能效提升及减少排放等环保领域的成效，并能引导广大游客培养起绿色出行的消费风尚。明确此等目标，能够为企业后续的绿色营销举措提供清晰的方向与指导，确保活动的高效与精准。

（2）制定绿色产品与服务策略

文旅企业应致力于创新开发环保型旅游项目与配套服务，以契合游客对生态友好及健康生活的追求。这包括策划低碳足迹的旅行方案、推广生态友好型旅游体验等绿色旅游产品，并辅以采用环保材质打造的纪念品，以及利用可持续能源的住宿设施。在规划绿色产品与服务时，企业需深入洞察并融入游客的真实需求，确保其所提供的既环保又实用。

（3）加强绿色传播与宣传

为了提升公众对文旅产业绿色转型理念及成效，企业需强化绿色传播与推广策略。这包括编纂绿色旅游指南手册、投放绿色旅游主题的广告、组织绿色主题的旅游体验活动等，以向游客阐述绿色旅游的价值与意义。同时，要积极寻求与媒体平台的合作，共同打造绿色旅游产品与服务的推广，增强品牌在行业内的绿色影响力。

（4）建立绿色销售渠道

为了更有效地推广绿色旅游项目与服务，文旅企业应构建专属的绿色销售网络体系，这一体系需兼顾线上与线下两个维度。线上企业可以依托官方网站或主流电商平台，设立专属销售板块；线下企业则应积极寻求与旅行社、旅游景区等合作伙伴的联动，要通过联合推广的方式，将绿色旅游产品的魅力展现给更广泛的游客群体，激发其热情与兴趣。

（5）完善绿色评价体系

为了确保绿色营销策略的有效性，文旅企业需要建立完善的绿色评价体系。要通过对绿色旅游产品与服务的评价，了解游客的满意度和需求，以便及时调整策略，提升绿色营销效果。同时，企业还可以邀请第三方机构进行绿色认证，增强游客对绿色旅游产品的信任度。

2. 网络互动策略

（1）构建社交媒体矩阵

置身于数字化浪潮之中，社交媒体已成为公众信息获取与互动交流的核心阵地。文旅企业应在微博、微信、抖音等热门社交媒体上全面布局，构建多维社交媒体体系。要通过发布绿色旅游相关的优质内容，有效吸引游客的目光与参与热情，在更广泛的范围内提升品牌的知名度与市场影响力。

（2）开展线上互动活动

为了深化与游客之间的联系，文旅企业可在社交媒体平台上开展线上互动体验活动。这包括发起以绿色旅游为主题的讨论、组织绿色旅游摄影比赛、邀请游客分享其绿色旅行的见闻等。这些举措不仅能够引发广大游客的积极参与与热烈反响，同时也可以使更多人深入了解并体验文化旅游产业在绿色转型道路上的实践探索与丰硕成果。

（3）精准定位目标受众

在社交媒体营销中，精准锁定目标受众群体最为关键。文旅企业应运用数据分析工具，分析目标受众的兴趣偏好、消费模式等信息，制订个性化的营销策略。此外，企业还应利用社交媒体平台提供的精准推送功能，确保绿色旅游相关的宣传信息能够准确无误地触达潜在的游客群体。

（4）与意见领袖合作

在社交媒体生态中，意见领袖能够以其广泛的影响力左右游客的消费选择。文旅企业应与旅游领域的知名人士、网红博主等意见领袖建立合作关系，邀请他们体验并推荐绿色旅游的产品与服务。要借助意见领袖口碑传播，有效提升文旅产业的品牌形象，增强市场对其绿色旅游理念的接受度。

（5）持续优化内容策略

在社交媒体营销中，内容质量是吸引游客关注的关键。文旅企业应结合绿色旅游主题，创作高质量、有趣味性的内容，如旅游攻略、景点介绍、游客心得等。同时，企业还应关注游客的反馈和需求，持续优化内容策略，提升社交媒体营销的实效性。

然而，在营销创新过程中，文旅企业也面临着诸多挑战，如市场竞争激烈、游客需求多样化等。为了应对这些挑战，企业需要不断创新营销策略，提高产品质量和服务水平。同时，要加强与政府、行业协会等各方面的合作，共同推动文旅产业的绿色发展。

通过绿色营销策略和社交媒体互动等营销创新手段，文旅产业能够有效地宣传绿色发展理念和实践成果，提升品牌形象。在未来的发展中，随着科技的进步和消费者需求的变化，文旅企业需要不断探索新的营销方式和方法，以适应市场竞争的变化。同时，企业还应积极承担社会责任，为推动整个社会的绿色发展贡献力量。

五、生态创新促进文旅产业绿色发展的途径

（一）加强规划引领，培育龙头企业

政府部门要强化对文旅产业绿色发展的统筹引导，确定产业发展的方向，要通过对旅游休闲和文化观光等相关行业进行合理规划，使文旅产业和其他相关行业产生集聚效应，并进一步推动产业融合发展。

为了推动文旅产业的可持续发展，政府必须加强绿色产业链的构建，特别是要重点发展行业内的领军企业。当前，文旅产业的绿色转型和产业链的拓展还有很大的提升空间。例如，冰雪文化旅游这一新兴旅游形式的出现，不但推动了滑雪胜地等冰雪项目的基础设施的建立，还推动了冰雪装备制造、教育培训、文化创意、体育赛事、旅游房地产等一系列行业的蓬勃发展，它们共同构成了一条围绕冰雪文化而打造的完整产业链。

冰雪文旅产业要推动产业链的绿色发展，就必须在整个产业链中贯彻绿色发展的思想。在整个产业链中，包括滑雪胜地、冰雪设备制造等行业，都要将对可再生能源的利用发挥到极致，从而以科学技术为基础，提高生产率，降低对资源的消耗。冰雪文旅产业的推广应当聚焦于创造具有持久影响力和广泛吸引力的文化创意产品及冰雪体育赛事。在滑雪产品的开发中，我们应优先利用自然降雪，同时辅以人工造雪技术，并探索使用经过处理的再生水来制造雪，以有效减少对水资源的消耗。为了提高冬季旅游地产在非旺季期间的房间利用率，我们可以采取诸如资源优化、分权分时等多元化策略。在夏季，通过推广避暑旅游和组织联合活动，我们可以有效地提升客房的入住率。此外，要实现冰雪文化旅游产业的持续增长，政府的政策支持至关重要。政府通过实施激励措施，吸引企业集群发展，可以促使产业规模的扩大和经济效益的增长。

领军企业在推动文旅产业向生态可持续方向发展中扮演着至关重要的角色。在新兴旅游模式中，我们往往可见一些规模庞大的企业身影，这些企业通过进一步发展，成为行业的领头羊。例如，在葡萄（酒）文化旅游这一新兴领域，中国

长城葡萄酒公司以其国内葡萄酒行业的知名度，在怀来县乃至全国的葡萄（酒）旅游产业中占据着领先地位。其采用尖端的葡萄培植和酿酒技术，采取科学的管理方法，并且持有创新的旅游发展观念，是怀来县内的葡萄产业的模范企业。政府的政策支持是推动诸如中国长城葡萄酒等领军企业成长的关键。这些企业将率先发展壮大，塑造地方旅游经济的名片，并将怀来县的葡萄旅游推向全国市场。领军企业的示范效应将通过经验交流和合作伙伴关系得以扩散，以加速其他中小企业的成长。随着这种产业集群的形成，相关的旅游服务企业，包括餐饮、住宿和交通服务等，也将获得发展机遇，共同助力文旅产业的全面兴起。

（二）推进技术创新，提高资源利用效率

要通过新型科技的引入与研究，提升文化旅游行业的资源利用率，减少能耗与环境污染。比如，通过智能电网、绿色建筑等科技方法，我们能有效利用能源，减少废物处置量。

文旅产业的绿色发展在一定程度上受到了科学技术的限制，因此，政府与相关文旅企业须提升科学技术在文旅产业方面的运用，以创新的科学技术来推动绿色发展，这是当前文旅产业发展的首要任务。政府与相关文旅企业可通过运用云端数据、共享网上平台、人工智能系统，共同构建诸如智慧旅游、智慧景点和智慧畅玩多种文旅形式，促进文旅产业的科技绿色发展。在宏观层面上，要以网络为载体，全面推动网络的发展。要搭建智慧旅游系统，为游客提供相应的旅游信息，并通过公共服务平台、行业共享信息和运营管理系统三大应用体系，为政府实时有效地监控旅游业的发展提供服务与监督。与此同时，游客还可以利用智能化平台查询到景点、交通、酒店、美食等方面的即时资讯，这方便了人们出行旅游。在微观层面上，要建设智慧旅游景点，利用物联网的优势，将各大景点的门票销售、泊车、用餐、民宿等公共信息直接传输到智慧文旅 App 或者是智慧出游平台上，让人们可以在自己的手机上查看到有关旅游出行的信息，以制订出符合游客自己的旅游出行攻略，帮助其开启一场尽善尽美的旅途。

最后，智慧旅游城市和景区的建设都离不开政府的支持，一方面要加大科研投入力度，引进先进技术，制定鼓励科技创新的政策，引导社会主体参与科技研发，构建科研创新制度体系；另一方面要加大科技成果保护力度，保护科研人员的知识产权，要以高科技推动可再生能源的应用。以高科技为支撑，将可再生能

源多元化应用到旅游产业及交通、住宿餐饮等相关产业的生产实际中，是提升环境治理水平、促进文旅产业绿色发展的重要举措。政府应加快建立可再生能源输送网络，为旅游及其相关企业输送绿色能源，推动可再生能源的使用。企业自身也要积极进行能源结构升级改造，建设光伏发电设备，以科技提升生产工艺，提高能源利用效率，减少煤电使用量，提高可再生能源消费占能源消费总量的比例，减少能源使用造成的污染。要使可再生能源成为文旅产业绿色发展的能源基础。

（三）加强生态资源保护与利用，建立绿色发展机制

生态资源不仅为文旅产业的发展提供了良好的自然条件，而且其自身也是一种可供深入挖掘的宝贵资源。加强生态资源的保护与开发，可以把生态资源与文旅产业相互融合发展，以开展文化生态旅游。这不仅守护了自然环境的和谐，也显著提升了旅游项目的知名度和市场竞争力。生态资源是推动文旅产业绿色发展的重要条件，尽管一些旅游景点已具备较好的生态条件，其还需要通过构建绿色发展的科学体系，强化监督与保护生态资源，这样才能更好地发挥文旅效用。要建立起生态资源的可持续发展核算与评估体系，这将为评估绿色发展成效提供重要的参考标准。首先，要针对文旅产业特定的发展需求，制订基于质量评估的生态资源开发与利用评估办法，并与质性评价标准进行融合，形成定性分析和量化标准的统一性评估。其次，要建立定期考评制度，依据核算标准，定期对生态资源绿色发展情况进行考评。要以考评制度激励政府、企业等相关责任主体积极投身生态资源及环境治理建设，推动绿色发展。要对阻碍绿色发展的行为进行相应惩罚，对相关责任人员进行追责，及时纠正阻碍绿色发展的错误行为。最后，要通过制定核算与考评制度，使绿色发展更加规范化、制度化，从而构建一种可复制、可推广的模式，为其他地区提供参考借鉴。

（四）强化环保意识，提升游客绿色旅游意识

在当下社会，随着人们生活水平的提高和旅游业的繁荣发展，旅游已经成为人们休闲娱乐的重要方式。然而，旅游业的快速发展也为人们带来了一些环境问题，如景区环境破坏、资源浪费等。因此，强化环保意识、提升游客绿色旅游意识显得尤为重要。这不仅能有效保护自然环境和文化遗产，还能促进文旅产业的可持续发展。

想要加强环保宣传教育，增强游客的绿色旅游意识，需要从多个方面入手。

第一，政府和旅游部门应加大对绿色旅游的宣传力度，通过各种渠道向游客传递绿色旅游的理念和重要性。这包括在旅游景区、机场、车站等公共场所设置宣传栏、播放宣传片，以及利用社交媒体、网络平台等线上渠道进行广泛传播。

第二，推广绿色出行是提升游客绿色旅游意识的重要途径。政府和旅游部门可以鼓励游客选择公共交通、骑行、步行等低碳出行方式，减少私家车的使用。同时，政府还可以建设和完善公共交通设施，为人们提供便捷、舒适的公共交通服务，以吸引更多游客选择绿色出行。此外，旅游部门还可以开展一些绿色出行主题活动，如骑行比赛、徒步旅行等，让游客在参与活动的过程中感受到绿色出行的乐趣和意义。在推广绿色住宿方面，政府可以倡导游客选择环保型酒店或民宿。这些住宿场所通常采用节能环保的建筑材料和设备，能为人们提供可再利用的洗漱用品，并实施废弃物分类处理等环保措施。通过选择这样的住宿方式，游客不仅能享受到舒适的住宿环境，还能为保护环境尽一份力。同时，政府和旅游部门还可以对环保型住宿场所给予一定的政策支持和宣传推广，以鼓励更多的住宿业者加入绿色旅游的行列中来。

第三，绿色餐饮也是提升游客绿色旅游意识的重要环节。在旅游景区和餐饮场所，旅游部门可以推广使用环保餐具和包装材料，减少一次性塑料制品的使用。同时，旅游部门还可以倡导游客适量点餐、避免浪费，以及选择当地食材和有机食品等环保餐饮方式。这样不仅能降低环境污染，还能促进当地农业的发展。

第四，相关部门还可以通过开展一些互动性强、寓教于乐的环保活动来提升游客的绿色旅游意识。例如，在旅游景区设置环保知识问答互动环节，让游客在参与游戏的过程中了解环保知识和绿色旅游的重要性。或者组织游客参与景区的环保志愿服务活动，如捡拾垃圾、植树造林等，让他们在亲身实践中感受到保护环境的紧迫性和责任感。

第五，提升游客的绿色旅游意识还需要全社会的共同努力。政府应制定和完善相关法规政策，对破坏环境的行为进行严厉打击，并加大对绿色旅游的支持力度。旅游企业和从业者也应自觉遵守环保法规，积极履行社会责任，从而为游客提供绿色、环保的旅游产品和服务。同时，广大游客也应自觉增强环保意识，从自身做起，践行绿色旅游的理念。

在实施这些措施的过程中，我们还需要关注一些关键问题。例如，如何确保绿色旅游的宣传教育能够真正触及并影响游客的行为，如何平衡旅游发展与环境保护之间的关系，如何解决绿色旅游推广过程中可能遇到的资金、技术等方面的难题。这些问题的解决需要政府、企业、科研机构和公众等多方面的共同努力和协作。

（五）完善政策法规，加大监管力度

文旅产业作为一种新兴的产业形式，其在经济发展中的贡献作用越发突出。但与此同时，生态环境与人文资源也面临着产业发展所带来的压力。要保证文旅产业的良性发展，就需要政府部门在产业中扮演重要角色，要在制定和健全相应的政策、法规、加强监督等方面对旅游业发挥指导和管理作用。

1. 政策法规的制定与完善

政府部门要认真研究和掌握文旅产业的发展态势，借鉴国外的先进经验，并根据当地的现实情况，制定一系列科学化、具象化、实用化的政策规定。这些所制定出的法规条例既要对文旅产业的绿色发展起到支持与帮扶作用，又要对文旅产业从资源开发、运营管理到服务供给等各个环节进行监督管理。首先，为了确立绿色发展标准，文旅企业需遵循严格的环保指标，如限制碳排放和能源消耗，提高水资源利用效率。项目从规划到运营，均需使用环保材料，确保废物回收，增加绿化面积，以提升旅游体验的可持续性和环境友好性。其次，要利用税收减免和财政资助等激励性政策，鼓励企业采纳环保技术和管理策略。要创建示范性的绿色旅游区域，为达到环保发展标准的企业提供展示自身优势的机会。对于不遵守环保规范的企业，相关部门应采取经济处罚和市场准入限制等措施。最后，要完善法律责任体系，明确文旅企业和相关责任人在绿色发展方面的法律责任，确保各项规定得到有效执行。要加强法律法规的宣传教育，增强企业和公众的法治意识和环保意识。

2. 加大监管力度

制定完善的政策法规是第一步，但更重要的是如何确保这些法规得到切实执

行。因此，政府需要构建一个全方位、多层次的监管体系，对文旅产业的绿色发展进行持续有效的监督和管理。

第一，要建立健全监管机制。政府要设立专门的监管机构或部门，负责文旅产业绿色发展的日常监督和检查工作；制订详细的监管计划和流程，确保监管的全面性和针对性；建立信息共享和联动机制，实现跨部门、跨地区的协同监管。第二，要强化现场检查和评估。要定期对文旅企业进行现场检查，核实其是否符合绿色发展标准；采用先进的监测技术和设备，对企业的环保设施、能源消耗等进行实时监测。开展绿色发展绩效评估，对表现优异的企业给予表彰和奖励。第三，要严格执法和处罚。要对违反绿色发展规定的企业，依法进行严厉处罚，并通过媒体曝光其违法行为；设立举报奖励制度，鼓励公众和社会组织积极参与监督；加强与司法机关的沟通协调，确保违法行为得到及时有效的法律制裁。第四，要促进公众参与和社会共治。要通过公开征集意见、召开听证会等方式，广泛听取公众对文旅产业绿色发展的意见和建议；开展绿色旅游宣传教育活动，增强公众的环保意识和参与度。鼓励和支持社会组织参与文旅产业的绿色发展工作，形成政府、企业、公众共同参与的治理格局。

3.推动行业自律和创新发展

除政府的外部监管外，我们还应推动文旅行业内部的自律机制建设。要通过行业协会、商会等组织，制定行业内部的绿色发展准则和规范，引导企业自觉遵守并执行。同时，要鼓励和支持企业在绿色发展方面进行技术创新和模式创新，提高资源利用效率和环境保护水平。

（六）加快人才培养与引进，提供充足人力支撑

在推动文旅产业走上绿色发展之路的过程中，最重要的就是人才。人才不但是驱动产业前进的发动机，也是促进企业良性发展的重要动力。在知识经济迅猛推进的今天，科技与旅游的紧密结合对专业人才的渴求愈发显著，对人才素质的期望也日益提高。在这一需求下，加速培育和吸引生态领域的专业人才显得尤为紧要。唯有打造具备高技能、专业化的人才梯队，方能为文旅产业的绿色转型提供持续的人才动力和智力支撑。这不仅对文旅产业的持续发展具有决定性作用，也对国家生态文明的宏观规划具有关键意义。

在加速引进和选用生态环境人才方面，存在着资源配置不均衡、培训体系不健全和人力成本高等诸多问题。为解决上述问题，我们可以考虑以下三条建议：第一条建议是要实现对教育资源配置的最优配置，以政府为导向，以市场为驱动，将文化旅游领域的教育、研究成果与文旅产业相结合，促进文旅产业的可持续发展。第二条建议是要健全高职教育制度。为保证培养目标的有效性，我们必须构建完善的专业训练规范与评价机制。要在文化和旅游方向上，积极开展各类人才培养，建立多样化人才培养模式。第三条建议是缩减人力成本。要从政策上、财政上给予企业一定程度的帮助，以缓解企业在引进人才过程中面临的经济困难。政府部门还应积极推动企业开展与中外大学、研究院所的合作交流，丰富对文旅产业人才的培养途径。

1. 文旅产业绿色发展对人才的需求分析

随着文旅产业的蓬勃发展，传统的旅游服务模式正在被高科技手段所颠覆，智能化、个性化、体验化成为新的发展趋势。这要求从业人员不仅具备扎实的旅游业务知识，还需要掌握现代信息技术，能够灵活运用大数据、云计算、人工智能等前沿科技手段，为游客提供更加便捷、高效的服务。同时，绿色发展理念的深入人心，也对文旅人才提出了更高的环保意识和责任感要求。他们需要在推动产业发展的同时，切实保护好生态环境，实现经济效益与生态效益的双赢。

2. 加快生态领域人才培养的策略

第一，完善教育体系。在高等教育阶段，应增设与文旅绿色发展相关的专业和课程，如生态旅游管理、绿色酒店管理等，从源头上培养专业人才。在实践教学环节，鼓励学生参与绿色旅游项目的规划与实施，提升他们的实际操作能力。开展校企合作，邀请业内专家进校园授课或举办讲座，让学生更直观地了解行业前沿动态。第二，加强职业培训。针对在职人员定期开展绿色旅游业务知识和技能培训，提高他们的专业素养。通过线上线下相结合的方式，提供灵活多样的培训形式，满足不同岗位人员的学习需求。鼓励企业自主开展内部培训，形成学习型组织氛围。

3. 引进生态领域人才的途径与措施

利用互联网招聘平台、社交媒体等多渠道发布招聘信息，吸引更多优秀人才关注并投递简历。参加各类人才交流会、招聘会等活动，与求职者面对面交流，提高招聘效率；提供具有竞争力的薪资待遇和福利保障，吸引并留住优秀人才；设立人才引进专项资金，用于支持高层次人才的引进和培养工作；为引进人才提供良好的工作和生活环境，解决他们的后顾之忧；建立激励机制，设立绿色发展创新奖励基金，对在文旅产业绿色发展方面作出突出贡献的人才给予奖励；提供广阔的晋升空间和发展机会，让人才在事业上获得成就感和归属感。

（七）实施绿色金融，助力绿色发展

1. 拓展投融资模式，优化绿色金融产品结构

绿色信贷作为金融领域的主导产品，在推动文旅产业的发展中扮演着关键角色。金融机构应进一步增强绿色信贷的创新性，依据各地特色，开发更多定制化的产品与服务。例如，扬州地区的银行开展了"金融+文旅"的合作新路径，及时推出了包括"乡村振兴贷"、宝应"荷藕贷"、高邮"鸭蛋贷"、"果蔬贷"、仪征"茶叶贷"等多样化的信贷产品，为扬州文旅产业的高品质发展提供了动力。在绿色信贷的实施方式上，我们也应不断探索创新。中国人民银行海口中心支行的"门票收益权质押贷"等，为文旅产业的金融支持提供了新的思路和方法。除此之外，诸如绿色基金、绿色债券、绿色信托等多元化的金融创新模式也为文旅产业的绿色转型和良性发展提供了更加坚实的资金保障。

一是绿色基金。绿色文旅项目的发展，依赖股权融资来确保项目的启动资金。这一步是获取银行和债市债务融资的前提。政府背景基金的参与，往往能够吸引更多的民间资本投入。例如，桂林银行成立的"保护母亲河——漓江"环保基金，不仅吸引了社会资本的广泛参与，还推动了漓江流域文旅产业的繁荣和生态环境的持续改善，开辟了桂林地区"绿色金融+文旅"的创新路径。

二是绿色债券。发展绿色债券能够解决银行和文旅企业期限错配的问题，同时能降低融资者的融资成本。目前，发行绿色债券正在成为文旅企业融资的重要模式，发行规模日益增加。

三是绿色信托。信托公司可通过绿色信托贷款、绿色股权投资、绿色债券投资等方式为文旅企业提供信托产品及受托服务。江苏省文化和旅游厅在"苏旅贷"基础上，联合金融机构依托景区项目发行了基础设施领域不动产投资信托基金

（REITs）。山东临沂为扶持红色文旅企业，推动建立了"基金＋项目＋银行＋券商"模式。未来，多元化的投融资模式将有更大的发展空间。

2. 关注中小微企业，扩大绿色金融服务覆盖面

绿色金融产品特别是绿色信贷，往往投向大型文旅项目与大型企业，一些中小微型企业，普遍存在担保难、融资难、融资贵的现象。这种状况严重影响了文旅产业的高质量发展。政府、金融机构及文旅管理部门应该扩大绿色金融服务的覆盖面，引导资金向中小微企业倾斜，深入渗透和下沉到小微企业。在文旅全产业链中，上下游的中小微企业更容易被忽视，它们在清洁能源、节能环保、生态环境、基础设施绿色升级等方面绿色发展诉求的资金缺口较少获得绿色金融的扶持。随着《关于促进全域旅游发展的指导意见》的出台，针对上下游中小微企业的金融服务会得到提升。中国银保监会（现已撤销）办公厅印发《关于2023年加力提升小微企业金融服务质量的通知》，特别强调了银行保险机构要满足住宿、餐饮、零售、文化、旅游等领域小微市场主体的合理金融需求。金融机构应围绕这一工作要点，不断推出合适的绿色金融产品，扩大金融服务覆盖面，助力中小微企业实现节能降耗、转型升级。

此外，乡村旅游的发展也催生了一大批农村小微文旅企业与个体农户。这些小微文旅企业和个体农户往往无法满足银行规定的担保需求，而被拒之在绿色金融服务之外。有关部门应制定和完善农村土地流转权、宅基地和林权抵押贷款办法，为小微文旅企业及个体农户解困解忧。湖南张家界专门制定了《张家界市金融支持文化和旅游行业融合发展的指导意见》，支持金融机构针对中小微企业推出"民宿贷""文旅贷"等专属信贷产品和服务，并加大对乡村旅游项目和企业、乡村文旅产业经营主体的资金支持。张家界的做法，值得发展乡村旅游的地方借鉴。

3. 加强政银企联动协作，建立有效的沟通机制

绿色金融助力文旅产业，应加强政银企联动协作，积极搭建绿色金融对接机制。金融机构应加快建设"绿色金融＋文旅"专业团队，提高绿色金融的专业素养和工作技能。同时应深入开展调研，收集文旅企业绿色金融服务需求，参与绿色文旅项目征集及评审，建立文旅项目绿色金融考核评价和奖惩机制，并与文旅企业建立常态化信息沟通渠道，提升绿色金融服务精准性。金融机构在设立绿色

金融特色机构、绿色金融支行、文旅特色机构、文旅特色支行基础上，可设立"绿色金融＋文旅"的特色机构或部门，以便更精准地服务于文旅产业的绿色发展。文旅企业应在提升文旅产品绿色含量、丰富绿色文旅产品类型、优化文旅产业结构的同时，加强与外界的信息沟通，充分利用政府提供的各种渠道，宣传自身的特色产品，拓展招商引资模式，以吸纳更多的绿色金融资金。

政府是资源配置的枢纽，在加强政银企沟通中发挥着至关重要的作用。政府应深入了解辖区内文旅企业的绿色发展状况，引导文旅企业多渠道、多领域培育绿色低碳转型项目，常态化开展绿色文旅项目、绿色文旅企业对标评选工作，并建立自主申报的绿色文旅项目申报机制，构建与完善绿色文旅项目库，滚动形成绿色文旅项目融资需求清单。另外，应充分利用投融资平台与投融资交流会，采取"线上＋线下"模式开展多渠道、多形式的对接活动，搭建金融机构和文旅企业之间的信息桥梁，充分调动金融机构的积极性，引导更多社会资本注入。政银企的沟通不要局限于一隅，还应在更宽广的视野中进行。云南省就曾组织省内各州市、县区市文旅部门与企业到成都、苏州、香港、澳门、广州、上海、杭州、武汉等客源地开展招商引资活动，效果良好。

绿色金融与文旅产业深度融合，不仅有助于优化产业结构，还对保护生态环境意义重大。写好绿色金融大文章，能够形成文旅产业高质量发展之势，进而推动我国绿色经济的发展。

第三节　文化创新助力文旅产业高质量发展

一、文化创新助力文旅产业高质量发展的作用

随着全球一体化进程的加快，文化创意已经逐渐成为促进国家经济增长和保障人民就业的中坚力量。尤其是在旅游领域，通过对文化的革新，文化创意为当地的经济发展带来了新的生机和活力。文化创新与产业改革不但为人们带来了巨大的经济利益，而且将对整个产业链产生深刻的冲击，并为企业提供更多的发展机遇。

（一）文化创新提升旅游业价值

旅游本身就是一个综合性较强的行业，旅游的发展更离不开文化的创新。在旅游产业中，文化创新的作用主要表现为：一是文化创新能充实旅游产品的内容，二是文化创新能提升景区的人文情怀，这两点都能提高旅游业价值，在以旅游体验为主的传统观光模式逐步被以注重旅游文化的体验观光模式所取代的今天，文化创新就变得非常关键。

只有充分发掘当地的人文底蕴，并运用现代化的创作手段，才能创造出具有特色的文旅产品。这些文旅产品既可以使旅客在游览过程中体会到更深层的文化内涵，又可以成为旅游观光的纪念品，延伸文旅产业的价值。除此之外，民俗表演、非遗文化等各类文化活动也是一种吸引游客的方式。这样既可以提高景点的名气，又可以在短期之内吸引大批游客，带动餐饮行业、酒店行业、交通行业等相关领域的经济发展。

（二）文化创新推动经济发展

文化创新在经济领域发挥着多维的推动力。一方面，开发具有地域特色的文化商品能够吸引外来资本，加速资金的注入。这些资本不仅能助力文化商品的研发与制造，还可用于基础设施的完善与市场的拓展，进而增强地区经济的竞争力；另一方面，文化创新也驱动着产业链的延伸与增长。在文化创意商品的创造过程中，设计、制造、营销等环节均能产生显著的经济收益。这些商品的流行还能刺激原材料供应和物流服务等上下游产业的繁荣。除此之外，文化创新的深远影响还体现在旅游业的革新上，文化创新能够引领旅游业向更高端、更多样化的路径迈进。通过创新推出文化体验和主题研学等新型旅游项目，旅游业能够吸引更多追求高品质体验的游客，从而提升文旅产业的价值。

（三）文化创新增加就业机会

文化创新不仅能推动经济发展，还能为社会创造大量的就业机会。

首先，文化产品的开发和生产本身就需要大量的劳动力投入。比如，在文创产品的研发过程中，需要设计师、工艺师、市场营销人员等多种专业人才。这些岗位的创设，不仅为当地居民提供了更多的就业选择，还能吸引外部人才流入，提升地方的人力资源水平。

其次，文化活动的举办也能创造大量的临时性就业岗位。比如，在举办大型文化活动时，需要大量的工作人员来负责场地布置、活动组织、安全保障等工作。这些岗位虽然具有临时性，但对于缓解就业压力、增加居民收入具有重要意义。

最后，文化创新还能带动相关服务业的发展，从而创造更多的就业机会。比如，随着文创产品的热销和文化活动的举办，餐饮、住宿、交通等服务业也会迎来发展高峰。这些行业的发展不仅能提升地方经济的整体活力，还能为当地居民提供更多的就业岗位。

二、文化创新助力文旅产业高质量发展的途径

（一）深化文化资源挖掘与创新性开发

对于任何地区、国家乃至民族而言，文化资源都是一份无价的精神遗产。这不仅涵盖物质文化遗产，包括但不限于古老建筑、文化遗址等，也囊括了非物质文化遗产，如流传于民间的故事和历史悠久的手工技艺。这些丰富的文化财富不仅承载着独具一格的文化精髓，同时也有吸引游客的独特魅力。

文化资源的深度开发与创造性利用，正成为文旅产业向高端发展的关键支撑。随着全球化的持续深入和公众生活品质的显著提高，文旅活动已不局限于表面的游览，而是演变成一场深度的文化感悟之旅。鉴于此，以开发创新的姿态进一步挖掘文化资源，并将其塑造成具有独特魅力的文旅产品，显得至关重要。

1. 深入挖掘文化资源

挖掘每个地区独有的历史、民俗和文化传统，不仅能够强化当地的文化认同感，也能为旅游市场带来创新动力。民俗文化的深度挖掘，涉及节庆、活动、歌舞和手工艺等，不仅能够彰显地区独有的文化特色，还能为游客带来更加多彩和深刻的文化参与感。如古镇和古村落中保存的古建筑和手工艺，是充满魅力的文化遗产。同时，历史人物的故事也是文化资源的重要组成部分。将与重要历史事件或人物相关的遗址和故居保护起来，通过实地参观和故事讲述的方式，可以为当地旅游业增添深厚的文化底蕴。

2. 创新性开发文化资源

文化资源的创新性开发关键在于实现传统与现代的融合，创造出既深植于文

化底蕴又符合现代审美和实用性的产品。故宫口红便是这一理念的典范，它成功地将传统宫廷美学与现代美妆需求相融合，满足了消费需求，同时推动了传统文化的传播。而科技的进步，尤其是虚拟现实（VR）和增强现实（AR）技术，为文化体验开辟了新天地。这些技术的应用可以重现历史场景，让游客能够沉浸式地体验古代生活，提升自身体验的真实感。文旅产品通过这样的创新和开发，不仅能使文化资源得到有效的传承与创新，也可促进文旅产业的繁荣发展。例如，一些地方推出的实景演出、民俗节庆活动等，都深受游客喜爱。以故宫博物院为例，近年来，故宫博物院在文化资源的深入挖掘和创新性开发方面作出了许多有益的尝试。除了故宫口红、故宫日历等文化创意产品，故宫博物院还推出了多款手机应用和小程序，让游客可以更加便捷地了解和欣赏故宫的文物和历史文化。此外，故宫博物院还会定期举办各种文化活动和讲座，为游客提供了更加深入的文化体验。这些成功的尝试不仅增强了故宫博物院的文化产品的市场竞争力，也扩大了其文化影响力。越来越多的游客被吸引到故宫博物院，他们不仅是为了欣赏其宏伟的建筑和珍贵的文物，更是为了体验其深厚的文化底蕴和独特的文化氛围。

3. 平衡文化资源的保护与开发

第一，加强文化资源的保护。在开发文化资源的同时，必须加强对文化资源的保护。这包括制定严格的保护政策、加大监管力度、增强公众的保护意识等。第二，提高文化产品的质量。文化产品的质量直接关系到其市场竞争力，因此，我们必须注重提高文化产品的质量，包括设计、制作、包装等各个环节。同时，还要注重文化产品的品位，确保其能够真正体现地方文化的精髓。第三，培养和吸引文化创意人才。文化创意人才是推动文化资源深入挖掘和创新性开发的关键。因此，我们必须加强文化创意人才的培养和引进工作，包括提供良好的工作环境和待遇、建立完善的培训机制等。

（二）加强文旅品牌建设，提升产品知名度

1. 突显文旅品牌建设的重要性

在文旅产业中，品牌的力量不容小觑。一个具有辨识度和吸引力的品牌能够有效提升旅游景区的名声，吸引游客，并给本地带来经济和社会效益。品牌建设不是单一的标识或宣传语，而是一个包含人文历史、景观特色和公共服务等多元

要素的综合体现。建立具有地方特色的文旅品牌，有助于全面展示地方文旅的吸引力，激发游客的探索兴趣。

品牌所代表的远不止一个标识或名称，它还承载着信任、品质和价值的深层含义。在文化旅游领域，品牌能够显著影响游客的决策结果。一个有说服力和吸引力的文旅品牌，能够促使游客在众多游玩选项中迅速作出决定。所以说，文旅品牌是吸引游客的金字招牌。

通过精心的文旅品牌构建，我们可以清晰地向游客传达旅游景区的独特性和核心价值，使景区在旅游市场竞争中更加突出。品牌还有助于构建持久的客户关系，增强游客的忠诚度，促进文旅产业的长期繁荣。

（1）最大限度地发挥文化价值

文旅需求作为产业融合与协同发展的基础，可推动供给的演变，是推动商品价值转化的关键力量。这一需求不仅促进了产业的整合与结构的优化，也是文旅产业经济持续增长的驱动力。根据马斯洛的需求层次理论，人类需求呈阶梯状分布，从基础的生理和安全需求到更高级的社交、尊重和自我实现需求。一旦基础需求得到满足，人们便会追求更高层次的满足。中国拥有丰富的文化资源和深厚的历史底蕴，以及众多的文化遗产。通过与文旅品牌的融合，这些文化遗产得以产业化，不仅能促进文化遗产的广泛传播，增进公众对历史文化的认知，也可迎合市场对富含文化价值的旅游产品的要求。

（2）提升文旅产业的服务性

产业融合不仅从微观上改变了产业的市场结构和产业绩效，而且从宏观上改变了一个国家的产业结构和经济增长方式，从而能够改善产业绩效，减少企业成本。产业融合是传统产业创新的重要方式和手段，它有利于产业结构转换和产业升级，提高产业竞争力。文化产业要结合社会发展趋势，重视与旅游产业的融合，这在较大程度上可以满足当下市场发展的多方面需求，进而提升文旅产业的服务性，加强品牌建设，提升文旅产业的经济效益。

2. 丰富文旅品牌建设方法

（1）科学合理地对文化资源进行利用

文旅产业主要是以极具特色的资源为基础进行发展，其中文化资源是重要组成部分。因此，根据文化资源发展的旅游景点要重视文旅品牌的重要性，坚持可持续发展理念。旅游景点开发关键是对当地生态环境和人文资源进行保护，由于文旅产业中的文化遗产资源具有不可再生性，在经营过程中，我们要重点对文化资源进行保护，科学合理地对相关资源进行利用，保持文化资源开发利用过程中的科学性。

（2）充分利用当地不同特色

在文旅融合背景下，文旅品牌的建设对文旅产业的稳定发展具有重要作用，它不仅可以增强文旅产业的核心竞争力，还可以充分获得社会和人们的广泛关注。文旅品牌的塑造必须以区域文化内涵为依据，紧紧围绕当地文脉进行，应根据市场的需求适时调整产品策略，整合优势，亮出自己的特色。因此，文旅产业要增强创新创造意识，充分利用当地不同特色，将文化资源转化为文旅产品，建设文旅品牌，提升文旅产业的整体形象，积极吸引人们的注意力。要打造具有地方特色的文旅品牌，需要深入挖掘目的地的文化和历史资源，找到其独特之处和核心价值。同时，还需要关注游客的需求和期望，为他们提供符合他们口味的产品和服务。

①挖掘地方特色文化

每个地方都有其独特的文化和历史，这是打造特色文旅品牌的基础。我们可以通过研究当地的历史文献、民俗风情、自然景观等，找到其最具代表性的文化元素。同时，我们还可以与当地的文化机构、专家学者等合作，共同挖掘和传承地方文化。

例如，如果目的地是一个古镇，我们可以重点打造古色古香的建筑风格、传统的手工艺、地道的特色美食等元素，让游客在游览古镇的同时，能够深入体验当地的文化和生活方式。

②关注游客需求

在打造文旅品牌的过程中，我们需要时刻关注游客的需求和期望。通过市场调研和数据分析，我们可以了解游客对目的地的认知、态度和期望，从而为他们提供更加精准的产品和服务。

例如，针对年轻游客群体，我们可以推出更加时尚、潮流的文旅产品，如文创产品、主题活动等；针对家庭游客群体，我们可以提供更加亲子友好的旅游环境和活动项目，如亲子互动游戏、科普教育等。

（3）积极利用网络信息技术

由于互联网信息技术的进一步发展，网络营销已经成为人们广泛使用的营销手段。网络营销可以有效提高文旅品牌的影响力，满足当下消费者的多方面需求。比如，通过利用网络信息技术，文旅产业相关工作人员可以及时与消费者进行沟通交流，针对存在问题积极进行解决，加强品牌建设的全面性，增强其影响力。

3.加强文旅品牌宣传推广策略

要提升文旅品牌的知名度和吸引力，需要采取多种策略进行宣传推广。

第一，举办特色节庆活动。通过举办具有地方特色的节庆活动，我们可以吸引大量游客前来参与和体验。这些活动不仅能够展示当地的特色文化和艺术魅力，还能够为游客提供丰富多彩的娱乐项目。例如，乌镇通过举办世界互联网大会，成功吸引了全球的目光，这一举措不仅提升了乌镇的国际知名度，还为其塑造了"智慧乌镇"的品牌形象。大会期间，乌镇展示了先进的互联网技术和应用成果，让参会者深刻感受到古镇与现代科技的完美结合，提升了自身的国际知名度。第二，加强网络营销。在互联网时代，网络营销是提升品牌知名度的重要手段。我们可以通过社交媒体、文旅网站、短视频平台等渠道进行宣传推广，让更多人了解和关注目的地。同时，我们还可以与文旅达人、意见领袖等合作，通过他们的推荐和分享来吸引更多游客。第三，开发特色文旅产品。除了传统的观光旅游，我们还可以结合当地的特色文化和资源，开发具有创新性和体验性的文旅产品。例如，我们可以推出文化体验游、主题研学游等项目，让游客在旅行中获得更多的乐趣和收获。这些特色文旅产品不仅能够满足游客的个性化需求，还能够为目的地带来更多的曝光度和口碑传播。以乌镇为例，除了传统的观光游览，乌镇还开展了多元化的文旅活动，如戏剧表演、民俗展示、互动体验等。这些活动丰富了游客的文旅体验，让他们更加深入地了解乌镇的文化和历史。同时，这些活动也为乌镇带来了更多的曝光度和口碑传播。第四，提高服务质量。优质的服务是提升品牌知名度和吸引力的关键。我们需要加强文旅从业人员的培训和管理，增强他们的专业素养和服务意识。同时，我们还需要建立完善的文旅服务体系，为游客提供便捷、高效的服务体验。通过优质的服务，我们可以赢得游客的信任和好评，进而提升品牌的口碑和影响力。

第四章　深化产业融合引领文旅产业新发展

经济全球化与消费者需求的多样化正催生产业融合的新浪潮。对于文旅产业来说，深化产业融合是迎合游客个性化需求、推动产业升级和增强竞争力的有效途径。本章内容围绕文旅产业融合的深化，从理论框架的梳理、现代产业体系的搭建到高效产业链的形成，进行了深入的分析和探讨。

第一节　文旅产业融合理论基础

一、文旅产业融合相关理论

（一）产业关联理论

华西里·列昂惕夫（Wassily Leontief）是首位提出并深入研究产业关联理论的学者，他在该领域的持续探索使得这一理论逐步发展为一个引人注目的学术议题。在列昂惕夫 1936 年发表的《美国经济体系投入产出的数量关系》一文中，他对该理论进行了详尽的阐释和分析。他的研究对于产业关联理论的早期发展具有决定性的影响。产业关联理论建立在三大理论基础之上，即马克思的再生产理论、弗朗斯瓦·魁奈（Francois Quesnay）的经济表，以及里昂·瓦尔拉斯（Léon Walras）的一般均衡理论。该理论运用产业投入产出的量化手段，对国家经济水平进行多维度的定性和定量分析研究，为人们提供了对经济活动的全面解读。学者对产业关联理论的持续深化研究推动了理论框架的完善，同时，投入产出模型的研究也实现了从静态到动态的转变，提升了该理论在经济分析中的实用性。国内外学者通过广泛的实证分析验证了产业融合是基于存在联系的产业间的，并非随机发生，同时表明产业间的相互关联是融合的根基。因此，产业关联理论已成为产业融合发展不可或缺的理论支撑。

（二）系统耦合理论

耦合体现了产业间的互动作用，这些作用导致产业间形成相互依存和协作发展的状态。这种状态的出现，基于对产业运作至关重要的多个因素的相互影响和联系。系统耦合则描述了不同系统间的相互作用，当多个系统以有序的方式结合时，它们能够创造出具有更高价值的系统功能。在系统的初始耦合过程中，各系统间会出现互相排斥的情况，从而导致多个系统的耦合过程放缓乃至停止。虽然初始阶段可能存在一些不足之处，但随着系统的逐步完善，直至系统整合成功，其效能和性能将得到显著提升。然而，新系统功能的发挥必须与资本市场环境相适应，否则其潜在价值将难以实现。从核心上来看，文旅产业的融合体现了耦合理论的精髓，不同产业间的要素不仅相互依存，而且融合的方式丰富多样，产业融合为孕育新的文旅模式奠定了坚实的基础。

（三）创新理论

创新作为国家和社会发展的驱动力，其重要性在历史上被不断强调。20世纪初期，经济学界迎来了一位思想巨匠——约瑟夫·熊彼特（Joseph Alois Schumpeter），熊彼特首次系统性地提出了创新理论，并将其应用于解释资本主义经济的周期性波动。随着时代的演进，创新理论也经历了适应性的发展，形成了两大分支学派。一大学派是技术创新学派，该学派将研究焦点放在技术革新上，认为技术革新是推动经济发展的核心动力。然而，这一学派在强调技术因素的同时，往往忽视了制度和环境对技术发展的潜在影响。另一大学派是制度创新学派，制度创新学派则将研究重点放在制度的构建和变革上，以及制度与技术创新的相互作用机理，旨在共同促进企业的经济增长。该学派认为，优良的制度及制度环境是经济持续发展的先决条件。产业融合对文旅产业的兴起具有显著影响，产业融合作为该产业创新的途径，使创新理论成为探究文旅产业与其他产业融合的关键理论。随着创新理论的不断进步，文旅产业与其他产业的融合发展也愈加紧密。顾名思义，文旅产业融合就是文旅产业和其他有关联的产业之间的融合，该融合是深度的、有层次的融合，在融合的过程之中，社会会产生旅游经济发展现象，具体表现为以提升旧产业、创造新业态为目的，在技术创新推动下的文旅产业结构发生变革的动态演化过程，这在本质上就是一种文旅产业创新。

二、文旅产业融合发展的理论分析

（一）文旅产业融合发展的动因

文旅产业融合发展的动因较为复杂，归纳起来可以分为内在动力和外在动力两方面因素。

1. 内在动力

随着时代的进步，公众对旅游体验的渴望日益增长，是驱动旅游与文化两大领域相互交织和深层次整合的核心动力。中国的经济实力显著增强，为社会带来了生活方式的多样化与精神追求的深化。个人在追求文化素养的同时，对富含文化元素的旅游体验表现出了更高的兴趣。消费者心理和需求的演变，正推动着文旅产业进行必要的转型与升级，以适应这一需求趋势。与此同时，尽管旅游和文化这两个产业在表面上看似独立，它们之间实际上存在着紧密的联系，这种联系构成了两大领域融合的桥梁和基石。基于这种联系，旅游产业能够深入挖掘文化领域的资源，为自身的发展注入新的活力。同时，文化产业也能利用旅游产业的资源，实现自身的价值提升。由此可见，产业融合并非单一产业的单向受益，而是双向促进，共同推动两个产业的繁荣发展。

2. 外在动力

政策的引导是国家文化与旅游产业加速融合的关键因素之一。近年来，政府接连发布了多项以文旅产业为发展重点的政策文件。这些文件聚焦于两大重点内容：一方面，鉴于国民生活水平的显著提高，旅游消费已成为人们追求更高品质生活的重要组成部分，政策强调要高效利用旅游资源，以实现经济增长与提升民众生活体验的双重目标；另一方面，虽然文旅产业并非近期新兴产业，但文旅产业在近年才真正受到业界与公众的广泛关注，政策倡导持续加强对该领域的投入，以期文旅产业成为推动国家经济发展的新引擎。通过出台行业政策，政府不仅加速了文化旅游产业的繁荣发展，而且促进了旅游与文化两大领域的深度整合。除了国家级的政策激励，技术进步亦为产业融合提供了重要的外在驱动力。各行业的技术水平持续提升，引发行业间的互联互通，为跨行业的融合敞开了大门，使得文化与旅游产业的结合成为可能。技术要素在此过程中发挥了关键作用，技术的持续革新和升级加快了文化和旅游两大产业融合的步伐。

（二）文旅产业融合发展的模式

文旅产业在文化和旅游两方面因产业价值导向和发展路径的不同，使两大产业所展现出的产业特性、互动机制及产品形态也更为差异化与多样化。在求同存异的发展道路上，文化和旅游这两大产业可以通过渗透型融合、重组型融合和延伸型融合这三种方式进行融合发展。

1. 渗透型融合

融合策略依据其渗透路径可分为两大类：一种是文化元素融入旅游产业，另一种则是旅游元素融入文化产业。第一种模式可通过技术革新，先导性地实现文旅产业在渠道和内容层面的整合，进而实现整体产业的融合。这通常通过特定的创作技术和展示方法，逐步将创新文化元素整合进旅游产品之中。第二种模式则是旅游产业向文化产业的拓展，这通常体现为在文化创新园区内增设旅游设施，如动漫乐园或影视拍摄地，以吸引游客。这种将旅游元素嵌入文化产品的做法，不仅能提升产品的品牌影响力，还能增强文化产品在旅游市场中的吸引力，有助于拓宽文化产业的发展道路，并通过功能上的互相补充，推动文化产业与旅游产业的共同进步和发展。

2. 重组型融合

重组型融合是指几个相关产业的产品及服务原本相互独立，由于特定标准的实施，其发生重组并最终整合为一体的过程。比如种植业、畜牧业和渔业本是三个相互独立的产业，但是生态农业发展的要求将三大产业以重组模式融为一体。文旅产业发生重组型融合的表现形式之一是通过会展和节庆等活动方式对产业实现融合。在节庆和大型会展举办的过程中，我们可以依托当地丰富的旅游资源，将两大产业活动进行整合和重组，进而创造出一种新型的文化创意旅游业态，打造出具有互动功能的文化创意旅游体验项目，既推广和营销相关文化产品，又凭借大型节庆与会展的宣传平台提升城市的旅游形象，促进当地旅游经济的发展。因此，通过这种融合模式，我们能切实推动文旅产业的快速发展。

3. 延伸型融合

该模式顾名思义指的是将一个产业的发展方向延伸到另一个产业当中去，从而达到两个产业深度融合的目的。文旅产业的延伸型融合，是将文化产业的发展方向指向旅游产业，从而实现两个产业的融合发展，可对文旅产业的发展起到良性的促进和推动作用。具体来讲就是，将文化产业中极具代表性的特色产品与一些公园、旅游乐园等旅游景区进行主题关联，这样不仅使文化产业中的特色产品有了展示的载体，更让旅游产业中的公园、旅游乐园等旅游景点有了丰富的文化内涵。迪士尼乐园正是该模式最典型的例子之一，迪士尼乐园利用先进的技术水平，将许多动画角色真实再现，予以人的感官丰富的体验，这些动画角色、动漫角色是文化产业中的内容，而这个乐园是旅游产业中的内容，将动画角色、动漫角色应用到乐园中，使乐园有了更强的吸引力，乐园的经济效益也因此得到了大幅提升。

（三）文旅产业融合发展的路径

文化与旅游两大产业正经历着前所未有的深度融合，这促使传统文化资源在旅游产业的多方面得到引进和应用。这种融合并非是一成不变的，而是会受到各自产业的成长状态、融合的范围与所处阶段的显著影响，进而展现出多样化的发展轨迹。为了全面展现这一现象，本书将文旅产业融合细分为四大路径：资源融合、技术融合、市场融合和产业链融合。

1. 资源融合

文化与旅游在各自的产业领域可通过整合自身的特色资源，创造出独具特色的新产品。文化领域借助其深厚的历史、宗教信仰和民俗传统，与旅游地区的自然景观相结合，可提升旅游地的文化价值，拓展旅游产品的创意维度。这种融合不仅能够为游客提供在游览中学习的机会，满足游客对精神文化生活的追求，而且能够促进地方文化遗产和民族艺术的保护与发展。

2. 技术融合

技术创新是促进产业一体化的关键途径。技术的融合有助于减少运营成本，同时提升文化及旅游服务的制造效率。技术的应用还促进了两大产业在资源利用和新产品开发方面的进步。例如，动漫主题公园和影视拍摄基地等融合了文化与旅游特色的创新项目，这些文旅项目的开发和实施均依赖于先进的技术支撑。

3.市场融合

市场机制在文旅产业中主要表现在品牌塑造和营销策略的整合上。在这一过程中，文化与旅游两大领域能结合各自的品牌特色，融入各自领域的特色元素，从而丰富品牌的深度和广度。融合的营销策略还能激发销售创新，增强产品竞争力，这样能更好地促进市场对产品资源的有效分配。

4.产业链融合

文旅两大产业的产业链融合主要包括和文旅产业有关的各种活动，比如旅游景区、饭店及旅游交通等产品和服务与文化产业的相关产品融合，带动了相关产业的发展，丰富了产品的种类，拓宽了销售渠道，为文旅产业发展增添了活力。

三、产业融合促进文旅产业结构升级的作用机制

（一）技术创新促进文旅产业结构升级

技术创新是引领文旅产业转型的关键驱动力。在技术进步的催化下，文旅行业及其相关领域逐渐向统一的发展方向靠拢，最终汇聚形成全新的综合体。这一过程本质上是对创新的体现，标志着文旅产业的融合不仅是结构上的整合，更是创新思维的融合。通过与文化领域的深度整合，旅游业不仅扩大了其市场覆盖面，还显著提升了产品与服务的品质。这种整合促使创新旅游模式兴起，催生了众多新颖的旅游产品。随着人们对这些文旅创新需求的增长，众多文旅企业通过扩大项目规模和提高服务品质来适应市场变化，这导致旅游行业内企业数量和构成的变化，并对文旅产业的整体结构产生了深远的影响。新型旅游业态的兴起不仅催生了多样化的旅游产品与服务，而且推动了技术革新的深化，加速了创新成果在市场上的普及。这种发展态势可不断优化游客的体验，能通过影响文旅产业的供需两端，促使产业结构进行必要的调整与重组。这一变革过程是文旅产业升级的关键驱动力，强调了文化与旅游两大产业融合创新的重要性。

（二）政府政策推动文旅产业结构升级

政策措施作为外部驱动力，对促进文化与旅游产业的整合具有显著作用，能

在推动产业升级进程中起到关键作用。精心设计的政策框架能够营造有利的环境，以激发文化、旅游两大领域的协同发展。在近期，国家层面出台了一系列旨在激励文旅行业经济增长的政策指导文件，例如《关于释放旅游消费潜力推动旅游业高质量发展的若干措施》的发布，为文旅产业的繁荣提供了明确方向。随着政策限制的逐步放宽，文旅产业得以利用这一机遇实现快速增长。当前，旅游业与文化产业的融合已步入一个多维度和深层次的发展阶段，这种融合正在持续深化。在技术革新、市场拓展、产品创新及生产要素配置等方面，文旅产业的结构正在逐步优化，这为产业的升级提供了动力。对于那些资源有限且运营经验不足的私营旅游企业，政府的财政援助和政策引导是推动这些企业持续健康发展的关键因素，通过有效的产业协调和支持，政府促进了文旅产业的整体进步。政府还可以通过强化产业政策的指导和放宽市场准入限制，显著提升旅游企业，特别是中小型企业的竞争力和创新能力，这有助于提升企业的效率。在资源、市场和产品等多层面的深度整合中，政府的政策调控有助于文旅产业实现要素投入与产出的优化配置，进而促进产业的转型升级。

（三）人力资本积累拉动文旅产业结构升级

人才是影响文旅产业发展及结构变迁的重要因素之一。人力资本是每个人所拥有的知识、能力、技术和其他素质，个体通过这些能发挥个人价值，促进社会经济发展。人力资本是推动产业结构转型和升级的重要因素。人力资本的积累和文旅产业融合有着非常紧密的联系。文旅两大产业在融合发展过程中急需复合型专业人才，其对劳动力素质的要求不断提高，从而带动了文旅及相关产业人力资本的投入。人力资本可促进产业结构优化和调整，它与产业结构具有长期稳定的正相关关系。

人力资本投入的不断增加使相关从业人员的技术水平及综合素质得到了较大提升，提高了人们的收入水平和生活品位，并为产业发展提供了人才支持。同时，随着人力资本的积累，旅游人才的不断涌现有力地提高了文旅产业的创新水平，催生了更多新型旅游产品及服务的出现，促进了两大产业的融合。同时在旅游消费需求的刺激下，旅游资源的配置效率不断提高，产业结构得到优化，加速了文旅产业结构升级。

第二节 构建现代文旅产业体系

构筑现代文旅产业体系，必须依赖坚实的顶层设计、有效的组织管理、健全的体制机制和先进的治理方法。这些要素共同构成了现代文旅产业体系的基石。产业的自然发展和结构的逐步演变，是构建现代文化旅游产业体系坚实的理论支撑。该体系框架通过整合关键要素、创新产品、支持机制和保障措施，构建了一个全面而综合的结构。从多角度审视产业的结构体系，不仅能延伸产业链的要素，而且能促进不同产业间的深度融合，这为产业的发展提供了更广阔的视野。同时，对多样化的组织架构和区域间的协调合作机制进行深入分析，我们可以发现，现代文化旅游产业体系的构建，涵盖了要素体系、产品体系、支撑体系和保障体系的整合。这些是构建现代文旅产业体系过程中不可或缺的逻辑要素。

一、现代文旅产业体系构建依据及框架

（一）现代文旅产业体系构建理论依据

现代文旅产业体系并非一蹴而就，而是在传统的旅游业基础上经过变革和发展而来的。现代文旅产业体系的形成是一个逐步演进的过程，关键在于将现代的技术和理念融入传统旅游产业中，以此激发文旅产业体系创新活力并实现产业的持续升级。

产业发展理论深入探讨了产业的演变过程及其结构变化，为现代文化旅游产业的体系构建提供了理论支撑。该理论汲取达尔文的自然选择原理和复杂性系统的理论观点，视产业为一个由众多自适应单元组成的经济复合体。产业的持续进步被视为微观层面上各产业实体间互动的累积效应，这种效应可在宏观层面显现，体现企业与产业间的同步发展。产业发展理论的核心理念指出，产业的进化过程呈现出明显的阶段性，类似其他系统的发展。在这一进程中，产业通常会经历结构的转型与提升、规模的增长及技术的逐步完善等关键阶段。产业的进化轨迹受到多种要素的共同作用，包括材料、资金、技术、管理实践及制度框架等。材料和资金是产业发展的根基，而技术则是推动产业向现代化转型的关键力量。同时，有效

的管理策略和健全的制度安排可为产业的持续现代化提供坚实的支撑。

现代文旅产业体系的形成是一个综合性的体系结构，它囊括了文化及旅游相关产业链中各个阶段、维度和领域之间的互联互动。这一体系基于提升旅游文化的质量和层次，将文化与旅游的深度融合作为发展的核心，可依托科技革新、金融服务、人才资源和市场力量的推动力，实现现代文旅产业体系的稳健发展。现代文化旅游产业体系的构建过程体现了产业要素的持续进步，这推动了产业结构的优化与升级。产业融合的深化成为规模扩展的主要驱动力，而现代技术与资金的注入则为这一进程提供了坚实的支撑。此外，管理实践和制度框架的完善为产业的稳健发展提供了必要的保障，确保了产业体系构建的全面性和系统性。

从文旅产业发展内部看，现代文旅产业体系构建既是产业要素不断升级（结构优化）的过程，也是产业融合力度不断增强（规模扩张）的过程，还是要素体系与产业融合相互交叉、协同发展的过程。从要素维度看，现代文旅产业体系构建主要表现为组成文旅产业的资源，食、住、行、购、娱、旅行社等基础设施服务以及"互联网+"时代下的商旅服务等产业要素的改革不断升级的过程；从产业融合维度看，现代文旅产业体系构建主要表现为不断增加其他产业在文旅产业中的贡献比例关系，即最大限度地促进文旅产业与其他一、二、三产业的融合，进而丰富文旅产业的内容，创造多样化旅游文化产品，形成新老结合、多元并进、具有不同层次的产业链条；要素升级和产业融合相互交叉、联动发展，可共同推动现代文旅产业体系构建。从文旅产业发展外部看，在一定的制度条件下，现代文旅产业体系是由驱动旅游文化经济发展的各类支撑体系（技术成熟）协同作用的结果。也就是说，实体经济、科技进步、金融资本、人力资本和市场等支撑体系结构及其协同关系，构成了文旅产业结构升级和现代化发展的基本动因。

（二）现代文旅产业体系构建框架

在构建与时代需求相契合的现代文旅产业体系过程中，强有力的顶层规划、组织架构、运行机制及治理策略是确保文旅产业与时俱进的关键。文旅产业体系必须尊重产业自身的发展逻辑，并着力推动其结构的优化升级与创新驱动。同时，应充分利用全球化和信息化背景下涌现出的新技术特点，采纳创新理念与营运模式，以强化现代文旅产业体系的构建。鉴于科学水平与创新能力的不断演进，该体系需具备自我革新的能力，以适应持续变化的环境。

1. 文旅产业要素体系

在塑造现代文旅产业体系的过程中，文旅产业的要素是体系构成的核心基础。推动文旅产业体系向现代化转型，本质上是对构成该体系的要素进行结构性的调整与优化，以实现体系的高效合理运作。在优化文化旅游产业结构方面，我们要重点关注"食、住、行、游、购、娱"六大基本要素的协调发展。六大要素以"游"为核心要素，可对文化旅游资源进行深度开发，要通过对文旅资源的创新性转化和产品性转化，创建满足当下游客需求的高端旅游景区和休闲区域。其他的五大基本要素"食、住、行、游、购、娱"为辅助要素，要加强这五要素的整合与协作，构建一个具有综合性、标准化及现代感的旅游服务体系。最终，要通过增强上述文旅六大要素与现代科技及创意文化的融合度，提升文化旅游价值，并发展基于互联网的高端智能文旅商务服务体系，以适应新兴的智能化市场趋势。

2. 文旅产业产品体系

面对旅游市场日益增长的需求，包括普及性与家庭性、定制性与广泛性、独立性与可选性、追求休闲与深度体验和高品质的生活追求，促进旅游文化产品的规模化增长和品质优化已成为塑造现代文化旅游产业体系的首要目标。当代文化旅游产业体系的先进性首先体现在科技进步和旅游领域内跨行业融合特性的双重驱动上。这促使文化旅游资源的覆盖面日益拓展，文旅产业链的延伸效应也日益显著，并且与农业、工业及服务业的交织与整合趋势愈发紧密。

中国是传统的农业强国，农业发展不仅能确保国家粮食供应安全，也能满足农村居民的基本生活需要。近些年，随着人们对农村生活体验兴趣的日益增长，基于农业的旅游形式——将农耕实践和乡村文化整合到旅游产品之中，正成为满足市场新需求和促进农业行业转型发展的关键策略。这种农业旅游的发展，对于激发乡村活力和推动乡村经济的全面振兴具有显著的积极影响。

工业旅游，作为一种新兴的旅游模式，正推动工业领域的供给侧革新，助力传统工业实现现代化转型，并优化城市的功能布局与空间利用。这种旅游形态不仅是推动现代工业化进程的一个关键增长极，也开辟了旅游业与工业深度融合的新路径。这与国家在新时代背景下，将工业旅游定位为具有战略意义的新兴文旅产业的政策导向相契合，同时也可满足工业自身转型升级的发展需要。

服务业与文旅产业的发展最为紧密相关，服务业与文旅产业的融合发展不仅有利于品牌化与标准化发展，也早已成为"十四五"规划中打造现代文化旅游产业体系的关键战略。这一战略不仅标志着新时代对文化旅游产业的重视，也是促进该产业在新阶段实现高质量增长的有效策略。文旅产业与其他服务业融合产品主要以具有天然耦合性的文旅产业融合的文化旅游，为应对急速上升的健康需求而发展的康养旅游、体育旅游，以及具有较强带动前向、后向关联服务产业共同繁荣的会展节庆旅游，具有弘扬革命文化、推动教育常态化和大众化功能的红色旅游和研学旅游，以及对接"双碳"战略需求的生态旅游等旅游文化产品为主。

3. 文旅产业支撑体系

党的十九大提出要着力加快建设实体经济、科技创新、现代金融、人力资源协同发展的产业体系，发达国家现代产业体系的发展历程表明，现代产业体系需要将实体、资本、技术、人力资源等增长要素作为重要支撑，同样构建现代文旅产业体系也需将实体经济、科技创新、现代金融、人力资源作为有力支撑。科技创新、现代金融和人力资源投入的数量规模是支撑文旅产业实体经济规模增长的基础保障，且科技创新、现代金融和人力资源的供给质量和配置效率是打破规模报酬递减魔咒、提高文旅产业实体经济持续增长的关键，四者在不同领域间的配置结构较大程度上决定了文旅产业实体经济发展潜力的有效发挥。此外，文旅产业链的跨界化与国际化布局还需旅游文化市场做支撑。现代旅游产业体系是一个开放的体系，需要运用国际国内两个市场和两种资源，以全方位融入国内产业分工体系和全球产业分工体系，促进生产要素的跨界流动和跨国流动，不断提高现代化质量和水平。

4. 文旅产业保障体系

智能革命的到来，促使全球进入信息资本主义时代，传统的权力结构关系发生了改变，技术对社会结构产生了革命性的影响，经济与社会的动力也发生了改变，这给文旅产业发展带来重大的机遇的同时，也给现代文旅产业体系构建带来了挑战。可见现代文旅产业体系构建还需要将高效、健全的体系作为有效保障。对此，政府应转变角色，抓住旅游文化创新发展机遇，从建立科学的顶层设计开始，通过规划组织管理、创新体制机制、建设健全的治理方式和治理体系等多种方式，为构建现代文旅产业体系创造良好的政策体制环境。

二、现代文旅产业体系构建逻辑

（一）从多维度视角构建现代文旅产业结构体系

文旅产业的规划范畴是构建文旅产业体系的先决条件。文旅产业既包含了产业内部的细分领域和上下游之间的多种产业链，也包含了与文旅相关的融合产业，还有根据市场需求发展的动态变化而衍生出的新型旅游业态。所以，为了促进文旅产业的现代化发展，我们就必须深化供给侧结构性改革并加速创新进程。这涉及在不同产业间及产业内部建立合理的产业规模和产品结构，以实现要素产业、融合产业和拓展产业的协调增长，并由此构建一个多维度的文旅产业体系。

（二）以传统与新领域耦合延伸现代化旅游文化要素产业链

要加强文旅产业内的传统旅游资源上游和下游产业链的拓展。要以深入挖掘旅游文化传统行业领域为主要方式，将其作为建立现代旅游产业系统的主要方式，根据文旅资源的特点，充分利用各类资源的自身优势，以将景区建设成为全球独特的旅游胜地为中心；从定位、布局、风格和路线四个方面来进行优化，加速交通、住宿、饮食、观光、娱乐等方面的发展，形成一批具有国际影响力的文旅运营品牌；通过这些项目的带动，充实旅游景点的旅游文化产品，实现传统旅游文化形态的转型和提升，为全面提升文旅产业的综合素质打下坚实的基础。

（三）以多产业融合拓展现代文旅产业产品格局

在文旅产业中，发挥"旅游文化+"和"+旅游文化"的叠加效应，是实现多元产业融合、拓展产业外延、创新产业体系的关键。通过"产业+旅游"的模式，我们可以建立现代文旅产业体系的主体结构，促进文旅产业与农业、工业、服务业的融合，形成以乡村旅游、工业旅游、文化旅游为主导的综合联动体系。我们要进一步以"旅游+业态"为核心，探索健康旅游、会展节庆、生态旅游、文旅创意等新业态，推动新产品和新动力的产生，形成"多文旅融合"的业态蓝图，构建起"旅游文化+N"的产业联动发展新态势。

（四）以多元产业主体构建现代文旅产业组织体系

现代文旅产业体系的高效运营依赖多元的企业主体间的协调与平衡，这包括来自不同行业领域，具有不同产业形态、规模和所有制形式的企业。在协调发展过程中，旅游业的关键要素，如交通出行、酒店住宿、餐饮服务、娱乐购物，应被视为产业发展的"压舱石"，它们对于维持文旅产业的稳定增长至关重要。政府应激励企业利用政策、资金、技术及渠道优势，推动跨行业融合，创新文旅产品及服务，促进信息知识共享，为现代旅游文化企业注入核心竞争力。此外，国有经济在文旅产业体系的构建和运营中应发挥其领导作用，要通过政策激励和资源配置，促进非公有制经济的参与，进而为现代文旅产业体系的全面发展提供长足的动力。

（五）以区域协同优化现代文旅产业发展格局

从区域结构看，建设现代文旅产业体系，既要根据相关文旅产业或产业链的不同环节的资源投入特点进行整体的空间布局，又要确保某一区域内的文旅产业符合该区域的主体功能定位和资源禀赋特点；既要确保区域间按照比较优势错位发展，形成良好的文旅产业分工合作格局，又要确保缩小城乡区域经济发展差距。同时，构建现代文旅产业体系要重视文旅产业集群在产业体系建设中的空间载体作用，在区域范围内要推动密切关联文旅产业及产业链上下游企业向文旅产业园区集中，发挥集聚效应。此外，要培育若干世界级文旅产业集群，协同推进现代文旅产业体系建设。

三、现代文旅产业构成体系构成分析

（一）现代文旅产业要素体系

1. 旅游文化资源创新转换子系统

构建现代文旅产业要素体系，关键在于旅游文化资源的创意转换能力，这要求我们以新理念增强其向旅游文化产品与商品转化的能力。旅游文化资源作为公共资源，其产权可能模糊不清，因此，要确保旅游文化资源的有效转换，就需要掌握其经营权，并增强转换意识与竞争力。另外，从生产力要素的角度出发，构建一个可将旅游文化资源转化为旅游文化产品与商品的创意转换体系至关重要。这一体系是文旅产业要素形成的内在驱动力，它可通过创意转换，动态地整合旅游文化资源、消费市场、技术、产品等产业要素，促使文旅产业的资源要素与创意要素相互融合、互动，最终形成一个完整的文旅产业体系。理论上，创意产业的发达程度是决定现代文旅产业要素体系构建及其竞争力强弱的关键因素之一。在实践中，通常我们会依赖创意团队的协作与创意产业的运作模式来实现旅游文化资源的有效转化。其中，创意团队是转换体系的主体，团队的人才构成及其创意能力是提升转换率的关键环节；而市场、技术、政策等则作为转换的手段和平台，体现了创意转换体系的功能效率；它们既是旅游文化资源转化为产业的核心投入要素，也是创意产业的主要内容。

2. 旅游文化基础设施提升子系统

要借助科学技术推动旅游食、住、行、购、娱、旅行社等基础设施服务智能化转变，为旅游者提供更加满意的体验。对于"食"，我们可采取智能点餐、智能支付、智能传菜、智能搜索与定位、餐饮制作可视化等方式有效宣传和推广特色餐饮文化，实现智能化创新升级；对于"住"，我们可采取智能管理系统、服务设施数字化等形式实现酒店服务设施智能化升级，同时通过"酒店＋"方式将酒店打造为旅游目的地；对于"行"，我们可通过智能搜索引擎、智能导航系统、出行线路 DIY 系统等实现旅游交通智能化，并通过"交通＋"方式实现旅游交通向"移动的星级酒店"转变；对于"购"，我们可采取创建网络特产销售平台、电子物流等方式实现旅游购物智能化；对于"娱"，我们可通过智能定位搜索、优惠信息精准推送、网络预订与支付等实现旅游娱乐升级创新。旅行社发展应以线上线下相结合的方式，创新旅游线路，关注自驾游、自由行等旅游文化群体的新需求。

3. 商旅服务子系统

商旅服务建设应以新一代智慧技术（物联网、AR/VR/MR、云计算、大数据等）为支撑，以满足多样化、高端化旅游文化需求为根本出发点，实现商旅服务与各类旅游文化资源的整合、交换、共享等，还要通过大数据实时分析旅游文化市场消费倾向，为旅游文化市场提供个性化、智能化、高端化旅游文化服务产品。首先，运用大数据挖掘技术精准挖掘和分析旅游文化市场需求，改变传统供给需求信息不对称的情况，为旅游文化需求者提供适销对路的旅游文化服务；其次，激发文旅产业中的供需反馈活力需从旅游文化体验满意度入手，故打造多元化、多场景的旅游文化服务双向反馈平台是维系良好供需关系的重要保障，要通过"云"

端和"网"端将供需双方进行有效连接，提升旅游文化消费透明度，以更好地为旅游者提供透明化、高品质商旅服务；最后，要通过智慧技术打造一站式、智能化旅游文化服务平台，最大限度地降低旅游者出游的烦琐性，为旅游者构建一个更加高效、便捷、安全的商旅服务环境。

（二）现代文旅产业产品体系

1. 农业旅游

农业旅游是旅游产业与农业产业相互交融而孕育出的一种新型旅游产品或业态。它主要植根于农村地区，以农业生产活动和生活风貌为核心场景，主打乡村自然风光的游览、乡村人文风情的展现及乡村生活空间的亲身体验。这种旅游模式主要面向城市游客群体，致力于为其提供丰富多彩的旅游体验，包括农业观光、农耕体验、休闲度假、古村落探索、乡村遗产游览及各类乡村活动，可实现旅游与农业的深度融合与创新发展。

2. 工业旅游

工业旅游是旅游产业与工业产业相互交融而形成的一种特色旅游产品。它主要发生在工业遗产地、工厂等区域，将工业遗址、工业文化及工业生产场景等独特资源作为核心吸引点。通过提供工业生产过程的观光体验、工厂风貌的游览、工业文化的深度体验等多种活动形式，工业旅游主要吸引着青年、少年等游客群体。它涵盖了工业科普旅游、工业产业公园观光、工业遗产旅游、工业博物馆游览及工业综合景观游览等一系列工业与旅游业相融合的新型旅游文化产品。作为一种文旅产业与工业相互融合而诞生的新兴旅游形态，工业旅游不仅能够有效地挖掘和提升工业旅游资源的价值，还能持续推动工业遗产的修复性和创新性开发工作。

3. 文化旅游

文化旅游是指文旅产业交叉融合而成的旅游产品，主要指以富含特色文化内涵的系列文化活动场所、传统村落、古镇等为主要旅游地，它以历史文物遗迹、古建筑观光，民风民俗、衣着服饰观光体验，现代文化、技艺成果展览等为主要活动形式，面向各年龄层游客群体，可为人们提供文创旅游、影视旅游、旅游演艺、非遗旅游等多种旅游文化产品。

4. 康养旅游

康养旅游是指以健康产业与旅游产业交叉融合而成的旅游产品或业态，主要指建立在自然生态和人文环境基础上，结合风景观赏、文化娱乐、身体检测、医学治疗、春观花、夏避暑、秋赏月、冬泡泉等形式，面向有康体养生需求的社会群体，可为人们提供生态养生康养、运动休闲康养、休闲度假康养、医疗保健康养和文化养生康养等多种旅游与健康产业融合的新型旅游产品。发展康养旅游不仅有利于游客身体、心理和精神健康，而且在提升游客生活质量和幸福感方面也具有积极作用。

5. 体育旅游

体育旅游是旅游产业和体育产业深度融合而成的新兴旅游文化产品。主要是指发生在体育场馆、训练基地、公园等区域，以各种娱乐身心、锻炼身体、竞技竞赛、刺激冒险、康复保健、体育观赏及体育文化交流等活动形式，面向中青年游客群体，可为人们提供体育赛事游、体育休闲游、体育健身游、专项体育游等多种体育与旅游产业融合的新型旅游产品。

6. 会展节庆

会展节庆是会展节庆业与旅游产业相互交融而形成的一种特色旅游产品。它主要将各类会议、展览会、博览会、交易会、招商会以及文化体育、科技交流和节事节庆等活动的举办地作为核心场地，可借助洽谈贸易、观光游览、技术协作、信息交流和文化互动等多种方式，主要面向商务游客群体。会展节庆可提供包括会议旅游、展览旅游、节事旅游及奖励旅游等一系列与旅游产业相融合的新型会展节庆旅游产品。

7. 红色旅游

红色旅游是红色文旅产业相互交融后所孕育的旅游产品，它主要以中国共产党在革命与战争时期所建立的丰功伟绩所形成的纪念地、标志物及根据地为核心载体，以这些地点所蕴含的革命历史、英雄事迹和革命精神为深刻内涵，通过组织接待旅游者进行缅怀学习、参观游览等主题性旅游活动。红色旅游主要面向青少年游客群体，可为人们提供包括红色观光旅游、红色文化体验旅游及红色宣传教育旅游等在内的一系列新型红色旅游产品。

8. 研学旅游

研学旅游是教育产业与旅游产业相互交融后形成的一种特色旅游产品。它主要发生在各类教育基地、森林公园、农业产业园等区域，旨在拓宽学生的视野、丰富其知识体系，并加深他们对自然与文化的亲近感，同时增强其对集体生活方式和社会公共道德的体验。研学旅游可将研究、学习、实践与旅行有机结合，专门面向学生游客群体，可为人们提供包括研学旅游、科普教育旅行、科教旅行等一系列教育与旅游相融合的新型旅游产品。

9. 生态旅游

生态旅游是生态环境与旅游发展相互融合而形成新型旅游文化产品，主要指发生在自然保护区、森林公园、资源管理保护区等区域，以可持续发展为理念和保护生态环境为前提，将统筹人与自然和谐发展作为准则，依托良好的自然生态环境和独特的人文生态系统，采取生态友好方式，面向各龄层游客群体，可为人们提供自然保护区生态旅游、国家公园生态旅游、自然遗产生态旅游、森林公园生态旅游、水利水库生态旅游、资源管理保护区生态旅游等多种新型生态旅游产品。作为生态文明建设的重要载体和有效抓手，生态旅游是我国发展低碳经济的重要方式。

（三）现代文旅产业支撑体系

1. 实体经济助推现代文旅产业体系构建

要将旅游文化实体经济置于核心地位，通过优化科技创新、人力资源与现代金融等投入要素的组合，促进其在实体经济生产运营中的全面渗透，以推动实体经济管理体系与治理能力的现代化进程。长期目标在于壮大现代文旅产业实体经济，巩固其在产业体系中的主体地位。具体措施包括：首先，深化文旅产业市场化改革，营造良好的产业竞争氛围，切实加大旅游文化企业的产权保护力度，以激发实体经济的创新活力；其次，重点扶持和培育一批具有潜力的隐形冠军、独角兽旅游文化企业，充分发挥其在区域发展中的引领和带动作用；最后，完善激励机制，对在行业发展中发挥引导和突出贡献作用的企业给予相应奖励，保障其合法权益，同时加大对违规、违法行为的惩处力度，营造健康的企业运营环境。

2. 科技创新赋能现代文旅产业体系构建

构建现代文旅产业体系的核心驱动力在于以科技创新为主导的创新策略。在生产函数中，技术进步展现出显著的"乘数效应"，能够为文旅产业的迅猛发展带来爆发式的增长动力。为了构建这一体系，我们应着重增强旅游文化企业的研发能力，激励企业积极开发和创新旅游产品体系，并致力于培育拥有自主知识产权和核心技术的大型旅游文化企业。同时，我们还应积极引导和支持中小型创新型旅游文化企业的发展，为它们在政策和资金上提供必要的扶持。此外，我们应充分发挥旅游市场需求侧在推动旅游文化科技创新中的倒逼机制的作用，将旅游市场的真实需求作为科技创新工作的核心关注点，从而促使企业与科研机构能够研发出与旅游市场需求紧密对接的新型旅游文化服务与产品。为此，我们应建立科技创新旅游文化服务平台，借助该平台整合文旅产业乃至整个区域的优质创新资源，共同攻克文旅产业研发创新中面临的关键技术难题。

3. 现代金融助力现代文旅产业体系构建

现代金融是现代文旅产业体系的血液，其既是生产函数中推动文旅产业发展的直接要素，又可为科技创新、人力资本培育提供重要支撑。现代文旅产业体系的构建应通过金融资源配置助推文旅产业转型升级和现代化发展，减少低端、同质旅游产品供给，节约资源、回笼资金；应适当增加对具有发展潜力的"掉队"现行文旅产业的金融支持，助推其向更现代文旅产业跃升；应重点扶持符合市场需求、技术领先、吸引力强的旅游文化产品研发与创新，给予信贷优惠和资金倾斜。要引导金融服务体系改革，将服务符合市场需求以及具备高、精、尖技术的旅游文化企业的成效作为金融体系内部的重要绩效考核指标，加大对中小微旅游文化企业的融资配额，提升金融资源在文旅产业中的服务高效性与平等性。

4. 人力资源推动现代文旅产业体系构建

人力资源是现代文旅产业发展的重要源泉，在生产函数中，人力资源是促进文旅产业经济增长的直接要素，它会影响科技创新，进而间接影响实体经济增长。现代文旅产业体系构建应健全旅游文化人才培育引导机制，推动相关高等院校、中职学校加强旅游、地理和计算机等学科、专业、课程融合建设，加强学生综合素质、创意理念与实践能力，为文旅产业现代化发展做好人才储备；要将优秀文旅产业人才纳入旅游文化智库中，评选表彰文化产业领军人物和各门类大师，发挥决策、咨询功能的作用；编制文旅产业发展紧缺人才计划，统筹推进旅游文化高层次人才引进体系建设，面向现代文旅产业体系建设需要，将旅游文化高层次、紧缺型人才纳入人才引进计划，构建好人才引进体系和配套支持政策。

5. 市场体系现代化健全现代文旅产业体系

我国文旅产业发展长期处于全球价值链末端，这制约了我国文旅产业国际竞争力与影响力的提升，尊重旅游文化市场规律，拓宽旅游文化市场规模，进而推动文旅产业迈向全球价值链上游是新时代现代文旅产业体系构建的重要目标。首先，在国家人工智能战略的大背景下，要加快推动文旅产业的智慧转型，遵循"产学研用"相结合的旅游文化创新路径，推动创新成果向旅游文化生产环节迅速转化，完成我国从"旅游文化工厂"向"旅游文化创意基地"的转变；其次，要以雁阵效应推动我国数字旅游文化品牌出海，提升我国优质旅游文化品牌的国际影响力；最后，我国文旅产业链走向全球价值链上游还需加强国际文化合作，尊重与探究国际旅游文化市场规律，积极吸纳海外高端文化人才，形成现代文旅产业高质量发展策源地。旅游文化市场是旅游文化产品流通和文化消费的发生场所，现代旅游文化市场体系的良性发展将直接推动现代文旅产业体系的构建。

（四）现代文旅产业保障体系

1. 强化顶层设计

在构建现代文旅产业体系的过程中，政府发挥着关键性的主导作用。为了促进文旅产业的健康发展，政府需强化在土地、资源等关键要素方面的配置能力，致力于营造一个公平竞争的旅游文化市场环境，并建立有效的市场机制。这样，旅游文化市场就能成为决定土地和资源配置的主导力量，进而推动文旅产业实现土地、资源的合理配置与绩效优化，有效防止产业内部的同质化竞争。同时，政府应放宽对农业、工业、文化、教育、健康、金融等一、二、三产业，以及大数据、"互联网+"等新兴产业领域的进入限制，加速推动文旅产业的跨界融合。此外，政府还应加大对旅游文化资源的投资力度，吸引更多的金融和资本资源向文旅产业倾斜，从而提升文旅产业的发展层次和现代化水平。

2. 创新组织管理

旅游文化企业的组织管理创新，既是一种实践探索，也是实现组织目标的重要手段与工具，它在构建现代文旅产业体系中扮演着至关重要的角色。组织机构是企业运营的基础框架，而管理则是企业赖以生存并实现可持续发展的核心要素。传统旅游文化企业通常采用垂直管理模式，上下级之间分工明确，常见的组织管理模式包括职能式、事业部式和矩阵式，这些模式往往等级分明、分工细致，但信息传递过程较长。然而，随着现代文旅产业的不断发展，旅游文化企业组织结构面临着新的要求，即追求轻资产运营和快速的信息传播，并推动组织结构向扁平化方向转型。旅游文化企业采用扁平化的组织结构创新模式，有助于提升企业组织管理的灵活性，减少不必要的行政层级和固化现象，同时也利于旅游文化产品的创新及供需双方信息的快速传递。

3. 改革体制机制

将构建多主体参与方式，即党委统筹、政府主导、企业主体、社会参与等，作为改革体制机制的主要任务，有助于促进政府、企业及其他利益相关者形成协同效应，这在构建现代文旅产业体系中扮演重要角色。通过借助国家"一带一路""乡村振兴战略"等重大倡议和战略平台，我们可顺势而为，积极推动旅游文化领域的改革进程。同时，除了遵循国家行政管理体制改革的方向，我们应主动出击，促使一些重大改革举措在旅游文化领域先行先试，实现突破。此外，我们还应积极与财税、国土、发改委等相关部门的改革举措进行对接，为文旅产业的发展争取更广阔的空间。

4. 创新治理方式

创新文旅产业治理方式，是适应网络时代文旅产业治理的新要求，也是多元主体基于旅游文化公共利益最大化的集体行动，在构建现代文旅产业体系中发挥着重要作用。要充分利用云计算、大数据、物联网等现代信息技术，建立健全完善的旅游文化市场统计数据库，针对旅游文化市场需求来提升旅游文化公共事务的治理效率，进而提升旅游文化决策的科学性和精准度；通过完善旅游文化市场统计指标，构建多行业共享的旅游文化市场大数据库，为文旅产业治理提供科学的支撑，从而消除文旅产业治理过程中的"拍脑袋"行为，这也能为事后的治理评估提供翔实的决策依据。

第三节　打造高效能文旅产业链

一、文旅产业链促进文旅新质生产力发展的驱动逻辑

文旅新质生产力的演进并非孤立于单一链条之中，它是由文旅科技企业链、文旅数据智能链、绿色金融链、文旅政策机制链及文旅创新人才链共同构成的产业链核心系统，在推动文旅产业高质量发展的过程中各自扮演着不同的角色。这些链条之间的相互协同与互动，构成了文旅新质生产力发展的关键驱动力。从系统论的角度来看，这些产业链共同构成了一个动态互动的整体系统，要求我们以集合的观念来评估每个链条对文旅新质生产力发展所带来的整体影响。系统论强调各组成部分之间的结构性连接和功能性整合，认为产业链的有效协同是提高整个系统性能的关键所在。协同论则进一步阐释了如何通过协同合作来解决链条间竞争所带来的内耗和不稳定性问题，强调在开放的系统中，各个子系统的协调与同步转换是至关重要的。通过这种方式，我们不仅可以优化各链条的功能，还能实现资源的最大化利用。基于这一认识，本书将进一步深入探讨此产业链在文旅新质生产力驱动逻辑中的具体作用及其协同机制。

（一）文旅数据智能链引领技术革新

文化与科技的融合，实现了双向的奔赴与赋能。为了更有效地整合文旅资源，我们需开展资源数据的采集、存储、分析、挖掘及可视化应用等工作，通过构建文化基因库、数据库、题材库等形式，建立起政企互通、事企互联的大数据体系，为文旅资源进入要素市场奠定基础，并为资源的转化提供数据支撑，确保这些资源具备可投资、可增值、可变现的特性。当前，人工智能、虚拟现实、5G、大数据等一系列数字技术，共同构建了一个推动文化创新的综合技术矩阵。生成式人工智能不仅贯穿于文旅产业的内容策划、制作传播、数据分析等全模式、全链路之中，而且在个性化推荐、自动化内容生成、智能化后期剪辑制作、智能版权保护与内容监管等多个方面，它都切实提升了文旅产业的生产效率与文化安全水平，

这将对创意、影视、娱乐等服务行业的生产效能产生较大的提升作用，并对未来文旅产业的发展产生较为深远的影响。在实践应用中，智能化技术的运用还助力了旅游产品的创新，例如通过智能算法推荐旅游路线，以及利用机器学习优化旅游资源的配置。

在产业链系统中，文旅数据智能链扮演着引领技术革新和对接市场需求的重要角色。借助大数据、人工智能等前沿技术，文旅数据智能链能够实时捕捉和分析市场动态，进而为文旅产品的开发和营销提供精准的数据支持。这不仅提高了供给端对市场反馈的敏锐度，还为消费者带来了更加个性化的文旅体验。文旅数据智能链作为文旅产业的"技术引领者"，可通过大数据、云计算等先进技术，实现对市场需求的精准洞察和预测。这一链条不仅能为文旅企业提供决策支持，还能与文化产业链、绿色金融链等形成紧密互动，共同推动文旅产品的创新和升级。

（二）文旅科技企业链实现资源整合与价值重塑

文旅科技企业链作为文旅产业的核心构成部分，可通过整合多样化的文化资源，如历史文化、民俗风情、自然景观等，打造出具有独特魅力的文旅产品。同时，该链条还着重于与科技、教育等产业的深度融合，以推动文旅产业的跨界发展。为了实现科技与文旅的深度融合，我们需要不断丰富文旅的应用场景，如智慧景区、智能交通、智能管理等，打通吃、住、行、游、购、娱的全链条，全方位地满足游客多元化、智能化、体验化、个性化的消费新需求。这将有助于提高文旅产业的要素配置率和资源使用率，并可进一步促进和优化产业链、价值链的拓展。此外，通过跨界融合的方式，我们可以连接上下游企业，促进旅游与文化、体育、农业等产业的有效结合，这不仅能丰富旅游产品的多样性，还能形成新的经济增长点，可推动"旅游＋"和"＋旅游"的双向发展，有助于文旅产业实现资源整合与价值重塑。一方面，通过深入挖掘文化资源的内涵和价值，文旅产品的附加值可得到显著提升；另一方面，通过与其他产业的融合创新，文旅产业的发展空间可得到进一步的拓展。这种产业升级不仅增强了文旅产业的综合实力，还为消费者提供了更加丰富多样的旅游体验。

此外，从文旅产业链论视角来看，文化产业链还可与数据智能链紧密配合，根据市场需求调整文旅产品的文化内容和表现形式，满足不同消费者的需求，同时可避免"网红目的地"的昙花一现。

（三）绿色金融链提供稳健支撑与风险控制

绿色金融在文旅新质生产力中起到了至关重要的作用。通过绿色金融工具和机制的支持，我们可以有效地促进文旅业的绿色转型和可持续发展。例如，发行绿色债券或设立绿色基金，资助那些低碳、环保的文旅项目，不仅有助于减少文旅活动对环境的负面影响，还能够吸引更多注重生态和可持续发展的游客。同时，绿色金融也可支持生态旅游和责任旅游项目的发展，这些项目在保护生态环境的同时，也为当地社区带来了经济利益，实现了经济效益与环境保护的双赢。

绿色金融链在文旅产业的发展中发挥着重要的支撑作用，它可通过提供绿色金融产品和服务，如绿色信贷、绿色债券等，为文旅产业的可持续发展提供资金支持。同时，绿色金融链还注重风险控制和管理，可通过完善的风险评估机制和多元化的投资策略，有效降低文旅产业的投资风险。绿色金融链的稳健支撑和风险控制机制为文旅产业的健康发展提供了有力保障。它不仅能解决文旅产业在发展过程中面临的资金瓶颈问题，还可推动文旅产业向更加绿色、可持续的方向发展。

从产业链论视角来看，绿色金融链通过与政策机制链的协同，可为文旅产业提供优惠的贷款政策和风险保障，降低企业的经营风险。具体来说，绿色金融链可以通过提供绿色信贷、绿色债券等金融工具，引导资金流向环保、可持续的文旅项目。这不仅有助于推动文旅产业的绿色发展，还可以聚焦企业主责主业、提升市场竞争力。

（四）文旅政策机制链构建政策引导与法规保障

制度创新和政策支持是文旅新质生产力可持续发展的重要保障。国家需要加快制定数据基础制度体系和相关法律法规，完善促进数据要素高效流通的基础设施建设，创造开放的、充满活力的数字商业环境。政府机构在这一过程中发挥着关键作用，可通过制定和实施一系列旨在促进文旅产业发展的政策措施，为文旅产业发展提供必要的法律和政策环境。例如，加强文化遗产保护、优化旅游市场管理、提升旅游安全标准等。

此外，政策还应包括激励措施，如税收优惠、财政补贴等，以激发企业和个人投资旅游业的积极性。这些政策和制度的创新不仅能够提高文旅产业的整体效率和竞争力，还能确保其在全球文旅市场中的可持续发展。

政策机制链在文旅产业的发展中起着至关重要的保障作用。通过制定和实施一系列针对性强、切实可行的政策措施和法律法规，政策机制链可为文旅产业的健康发展创造有利环境。

在数据隐私、版权归属等关键问题上，政策机制链应基于"利益—权利"双元共生范式，既保护个人和企业的合法权益，又促进数据的合理流动和开发利用。从产业链论视角来看，政策机制链能与其他链条紧密配合，共同推动文旅产业的绿色转型和可持续发展。具体来说，政府可以通过制定优惠政策，鼓励企业加大在文化产业链上的投入，推动文化资源的整合和价值重塑。同时，政府还可以与绿色金融链协同合作，为文旅产业提供优惠的贷款政策和资金支持。此外，政策机制链还可以通过制定人才培养政策，吸引更多的创新人才加入文旅产业，推动产业的创新发展。

（五）文旅创新人才链集聚创新力量

人才是推动文旅新质生产力发展的关键。随着文旅业态的不断创新和技术应用的广泛推广，社会对文旅从业人员提出了更高的要求，尤其是对技术和创新能力的要求。因此，建立一套有效的人才培养和引进机制显得尤为重要。这不仅包括在高等教育中增设文旅相关专业，培养具备数字技术能力的复合型人才，还包括对现有从业人员进行持续的技能培训，如数字工具的使用、客户服务的创新等，要在回应文旅产品和服务具有生产与消费即时性特征的前提下，促进文旅服务质量的迭代与跃迁。

创新人才链是文旅新质生产力可持续发展的关键所在，它能通过集聚和培养高素质的人才队伍，为文旅产业注入源源不断的创新力量。具备创新能力的高素质人才在文旅产品的研发、营销、管理等方面发挥着重要作用，可不断推动文旅产业向前发展。

从产业链论视角来看，创新人才链与文旅产业链紧密相连，可共同推动文旅产品的创新和升级。例如，文旅产业链可以为创新人才提供丰富的文化资源和创作灵感，而创新人才则可以将这些文化资源转化为具有市场竞争力的文旅产品。同时，创新人才链还可以与数据智能链协同合作，从而利用大数据和人工智能技术优化文旅产品的设计和营销策略。此外，政策机制链也可为创新人才提供良好的政策环境和资源支持，以进一步激发他们的创新活力。

二、文旅产业链促进文旅新质生产力发展的挑战及路径

（一）文旅新质生产力发展面临的现实挑战

在当前科技革命与产业变革的背景下，文旅新质生产力的发展面临着多方面的挑战，包括产业结构的调整、市场主体的强化、区域发展的平衡、伦理与公平的问题等。具体来说，以下五个方面是发展文旅新质生产力在现实层面上的主要挑战。

1. 文旅产业结构调整与创新人才挑战

尽管演艺和工艺美术等传统文化产业已经形成了相对完整的产业链，它们仍然面临着创新能力不足和市场竞争力较弱的双重挑战。另外，文旅企业和机构在演艺团体和管理模式的改革方面往往进展缓慢，未能充分适应市场的快速变化。与此同时，新兴文旅产业，如网络视听、电子竞技及沉浸式文化体验，虽然发展迅速，但在内容质量、服务水平和整体知识产权保护方面仍有待进一步提升。并且，这些新兴领域极度缺乏专业的跨界人才，尤其是那些能够推动技术革新、促进文旅产品市场化和国际化的创新型文旅人才。因此，加强文旅人才的培养和引进，特别是在创意设计、数字内容创作及文化技术应用等领域的人才，对于实现产业结构的优化升级具有至关重要的意义。

2. 文旅市场主体多元化与金融支持不足

在我国，文旅市场的主体多为中小型企业，这些企业往往缺乏具备技术创新优势的专精特新企业的特质。因此，它们常常面临着规模较小、资金匮乏及市场竞争力不足等多重挑战。这类文旅企业通常对政府资助有较强的依赖性，但由于自主创新能力薄弱，市场意识也相对欠缺，它们在竞争激烈的市场环境中难以生存和发展。此外，金融支持方面的不足，如文化企业和项目面临的融资难题、贷款条件严苛等问题，进一步加剧了这些企业的发展困境。为了改善这一现状，政

府和金融机构需要携手合作，推出更多针对文旅产业的定制化金融产品和服务，如低息贷款、绿色金融及政策优惠等，旨在降低文旅企业的融资成本，同时增强其市场主体的活力与创新能力。

3.区域发展不均与文旅消费低迷

文旅新质生产力的推广与发展在各地区间呈现出显著的不均衡状态。发达地区因资金充裕、政策扶持得力及消费市场成熟，其文旅产业得以迅猛发展。相比之下，贫困地区则受限于资源匮乏、创新能力薄弱及市场接受度不高等因素，发展相对缓慢。另外，文旅消费的整体疲软状况在农村和欠发达地区尤为明显，这些地区的文旅消费活动缺乏足够的吸引力与市场活力。为促进区域间的均衡发展，政府需推行差异化的文旅政策，加大对欠发达地区的文化投资力度。同时，政府要通过发展网络文旅和数字文旅产品，激活这些地区的文旅消费市场，进而提升居民的文旅消费水平。

4.科技革命与伦理、公平、效率的平衡

新一轮科技革命带来的伦理、公平和效率问题在文旅产业中尤为突出。随着人工智能、大数据等技术的应用，科技虽然提高了效率，但也为社会带来了数据隐私、知识产权保护等伦理问题。此外，技术应用的不均也可能加剧区域和社会的不平等。在确保技术创新在推动文旅产业发展的同时，还要兼顾公平和伦理问题，这需要政府在政策制定和技术应用中进行严格监管和合理引导。要通过建立健全的法规体系和伦理标准，平衡创新与保护之间的关系，以实现科技发展与社会价值的和谐统一。

5.绿色发展与数字化转型的协调演进

面对全球环境挑战，文旅产业的绿色发展成为不可回避的课题。推动文旅产业向绿色低碳方向发展不仅是环保的需要，也是市场的需求。开发绿色旅游产品，如生态旅游、农业旅游等，可以有效地利用和保护自然资源，同时满足公众对健康生活方式的追求。此外，数字化转型为文旅产业提供了新的发展机会。通过数字技术，如虚拟现实、在线互动平台等，我们可以突破地理和时间的限制，为用户提供更丰富、更便捷的文化旅游体验。这不仅可以提升用户满意度，还能开拓更广阔的市场空间。

（二）产业链促进文旅新质生产力发展的实现路径

1. 推动文旅科技企业链升级

文旅产业是文旅新质生产力的发展载体，同时也是其变革与演进的具体实践领域。为了促进文旅新质生产力的蓬勃发展，我们需要巩固文旅产业的基石，拓展文旅科技企业的产业链条，并推动这一链条的优化与升级。首要之务是秉承"聚焦核心、全产业融合、全链式发展"的战略思维，全面整合技术、管理、服务、文化、环境及经济等多维度要素，创新产业链的组织架构与业务模式。技术革新是提升文旅新质生产力的关键所在，尤其是信息技术和人工智能的深度融合，这些先进技术不仅能大幅提升服务效率，还可借助虚拟现实（VR）等创新工具，为游客带来前所未有的沉浸式体验。与此同时，现代管理理念的引入，如精益管理、敏捷管理等，通过优化业务流程和组织架构，显著提升了决策效率和企业竞争力。服务创新作为核心驱动力，必须持续探索和创新服务形式与内容，以灵活应对市场和游客需求的不断变化。此外，将文化元素深度融入旅游产品和服务之中，不仅能丰富旅游体验的教育内涵和文化价值传播，还可增强旅游产品的市场吸引力。环保意识的提升也成为文旅产业发展的必然要求，通过积极推广生态旅游和低碳旅游模式，文旅产业可有效减少对环境的影响，同时增强旅游体验的可持续性。综上，通过多维度的整合与创新，文旅产业将在现代化产业体系中实现优化与升级，进而为构建新型生产力系统奠定坚实基础。

2. 推动文旅智能数据链跃迁

随着新一轮科技革命和产业变革的持续深化，数据作为核心生产要素的重要性日益显著。为了培育文旅新质生产力，我们必须充分发挥数据要素的放大、叠加、倍增效应，致力于构建一个以数据为核心要素的数字经济体系。首先，打破文旅行业存在的"数据孤岛"现象，推动文物、古籍、美术作品、戏曲剧种、非物质文化遗产及民族民间文艺等数据资源的依法开放、共享与交易流通。同时，要支持文化创意、旅游、展览等领域的经营主体加强数据开发利用，深入挖掘文化数据的价值，实现各类文化机构数据中心的互联互通，进而关联形成中华文化数据库，并鼓励相关产业基于市场化机制开发大型文化数据模型。其次，我们应将提升文旅数据要素的质量与效率作为核心目标和实施手段，完善文旅数据要素的生产、流通、消费及再生产等全链条环节。同时，优化数据要素的供给、需求、匹配、交易等全过程，并在技术、模式、平台、生态等方面进行创新，以优化数据要素的质量、效率、效果及效益等综合指标，从而增强数据要素的竞争力、创新力、协同力及影响力等核心能力。最后，要提升以数据要素为支撑的旅游服务智能化水平，支持旅游经营主体共享气象、交通等数据，在合法合规前提下构建客群画像、城市画像等，优化旅游配套服务、一站式出行服务，提升旅游治理能力，支持文化和旅游场所共享公安、交通、气象、证照等数据，支撑"免证"购票、人群聚集监测预警、应急救援等，强化文旅新质生产力的数字化、智能化发展动能。

3. 推动绿色金融链提质

绿色发展离不开绿色金融的支持，绿色金融对于培育文旅新质生产力、构建现代文化旅游产业体系发挥着基础和关键作用，推动绿色金融链提质增效，是金融支持文旅新质生产力发展的基本切入点。首先，应结合文旅新质生产力的发展目标建立绿色融资评价指标体系，推进文旅领域绿色金融标准的互联互通，构建完善包括绿色统计指标体系、绿色核算体系、绿色信息披露体系、绿色评价体系等文旅领域绿色金融标准体系建设，力求评价体系能够全面反映文旅产业绿色发展的可持续性、创新性和社会效益。其次，要持续提升文旅领域绿色金融服务能力，通过构建文旅行业绿色信息大数据共享平台，推动文化旅游行业绿色发展核心数据的信息共享，为金融机构开展文旅绿色金融服务提供信息支撑，积极发展文旅领域的绿色信贷抵押担保业务和规范股权、项目收益权、特许经营权、排污权等质押融资担保业务，推广绿色金融债券、绿色信贷资产证券化等市场化融资方式，支持文旅融合重点项目发展。最后，要强化对绿色金融的监管指引，推动《银行保险业绿色金融指引》落地，指导金融机构真正把环境、社会、治理要求纳入全业务环节和流程，引导金融机构为文旅企业技术升级改造和污染治理等市场经营方式的绿色转型提供支持，还要通过绿色信贷、绿色债券等融资工具，支持文旅实体企业低碳发展，推动绿色文旅产业壮大，倍增绿色金融赋能文旅新质生产力发展的实际效能。

4. 推动创新人才链延展

人才是第一资源，科技创新是第一动力。其中，科技创新能够创造出新技术，还能为社会带来生产方式、组织结构、商业模式等系列变革，对于培育文旅新质生产力具有重要意义；人是生产活动的承担者，培养造就一大批与现代文化旅游产业发展相适应的高素质人才队伍，对于文旅新质生产力的形成和发展具有举足轻重的作用。首先，要完善文旅科技创新体系，完善文旅创新成果绩效的评价方法，形成体系完善、相互支撑的科技创新新格局，并发挥市场和政府在资源配置中的各自优势，树立企业在创新决策、研发投入、成果转化中的主体作用，大力培育壮大文旅领域科技型龙头企业和高新技术企业，推动形成一批具有示范性、引领性的品牌。其次，要加强文旅科技创新载体建设，以文旅科技领域国家科技创新基地作为全国文旅科技创新和产业发展的核心载体，引导高端科技创新要素围绕示范基地布局生产力流动和聚集，支持地方升级产业链，促使产业聚集，推动文旅科技特色产业与国家重大战略新兴技术相融合。最后，要加大对文旅科技创新领域优秀人才的培养引进力度，培养造就一支行业科技领军人才队伍，配合实施知识更新工程，鼓励各类院校及企业培养文旅科技创新专业人才，支持高等院校、职业学校与相关企业联合建设文旅科技人才培养基地、专业人才实训基地等，搭建校企协同创新平台，实现产教融合校企"双元"育人，建设具有辐射引领作用的高水平专业化产教融合实训基地，为文旅新质生产力发展提供坚实的人才支撑。

5. 推动政策机制链完善

制度创新是新质生产力的重要保障，要通过优化生产关系，完善市场体系，激发市场活力，为新质生产力的发展提供良好环境。制度创新还包括政策创新、管理创新等方面，这些创新为新质生产力的提升提供了有力保障。文旅新质生产力协同发展的关键在于构建一个全面的政策治理体系，完善产业政策扶持体系，并优化市场治理体系，使之更加适应文旅产业的特殊需求和新的发展趋势。在政策治理体系方面，我们需要确立明确的发展方向和政策导向，为文旅产业的发展创造一个稳定的外部环境。这包括制定和实施旨在促进文化和旅游深度融合的政策措施，以及为创新和技术应用提供支持的各种激励政策。同时，产业政策扶持体系应聚焦于提升文旅产业的核心竞争力，支持关键技术的研发和应用，以及推动高质量的文旅项目和企业发展。市场治理体系的优化则是通过建立更加公平和透明的市场规则，消除市场壁垒，提升市场的开放性和竞争力。这应包括对文旅市场的监管机制进行创新，如引入更有效的市场监测和评价体系，确保市场的公正性和效率。管理创新是新质生产力的重要组成部分，它涉及引入先进的管理理念和方法，优化生产流程，提高管理效率，降低生产成本，提升产品质量。通过采用战略性和系统性的管理改进，如全面质量管理（TQM）和持续改进过程（CIP），文旅行业能够显著提升其运营的灵活性和效率。此外，管理创新还包括激发员工的积极性和创造力，构建开放和包容的企业文化，为文旅新质生产力的发展注入强大动力。大审美经济语境下，品质生活的创造不仅仅是文化和科技的简单叠加，而是一个深度融合的过程。优质的旅游目的地不仅能展示丰富的文化内涵，更能通过科技的力量展望未来，构建一种主客共享的美好生活新空间。在这一过程中，科技与文化的结合被证明是推动文旅新质生产力发展的核心力量：科技没有文化内涵将难以持续，文化缺乏科技支撑则无法广泛传播其深远影响。文旅新质生产力是一个融合多维度、多层次、跨学科的先进概念，涵盖技术创新、管理创新和服务创新，同时关联到文化繁荣、环境保护、经济发展、社会和谐等多个层面。文旅新质生产力的培育与提升，需要政府部门、旅游企业、研究机构、社会组织及广大旅游者的共同努力与上下求索。展望未来，笔者期待一个科技与人文交相辉映、传统与现代相互碰撞的文旅发展新时代，而产业链融合所赋能的强大新质生产力，必将是推动我国文旅业实现高质量发展的不竭动力。

第五章　优化服务要素引领文旅产业新发展

对于推动文旅产业新发展，优化服务要素是关键一环。通过提升服务质量、完善服务设施、创新服务模式，我们可以显著提升游客满意度，进而推动文旅产业的持续健康发展。本章围绕"优化服务要素引领文旅产业新发展"这一主题，重点从探索文旅产业服务空间、构建文旅产业服务平台、培育文旅产业服务项目、打造文旅产业服务队伍这四个方面展开研究。

第一节　探索文旅产业服务空间

一、文旅服务空间

（一）文旅服务空间的概念及特征

文旅服务空间，是在公共文化空间基础上整合多元文化资源、提供全方位文旅服务的公共空间，随着文旅融合的深入发展，其在类型、服务功能及目标群体等方面均展现出了新的内涵与特征。这类空间在原有公共服务功能的基础上，进一步融入了旅游服务、旅游体验及文化旅游融合服务等新功能，其服务对象也从本地居民拓展到了外地游客。文旅服务空间的建设依托固定的（无论是实体还是虚拟的）场所，能通过定期或不定期举办多种类型的文化活动，促进人们的自由交流与互动，推动不同文化之间的交流、共存与融合。这一建设过程不仅是文旅融合的重要实践，也是逐步扩大"以文彰旅"实践、彰显旅游产品地方文化特色、加速实现"以旅促文"、扩大文化影响力的重要途径。

随着文旅融合的持续推进，文旅服务空间会呈现出以下显著特点。

（1）持续深化的服务功能

《中华人民共和国公共文化服务保障法》明确指出，公共文化服务的核心目标在于丰富人民群众的精神文化生活，传承并弘扬中华优秀传统文化，积极倡导社会主义核心价值观，以增强文化自信，推动中国特色社会主义文化的繁荣发展，并致力于提升全民族的文明素质。在 2018 年的国家机构改革中，原文化部与国家旅游局合并，共同组建了"文化和旅游部"，这一举措正式宣告了文旅融合时代的到来，同时也为文旅服务空间赋予了更为丰富的服务功能。在原有的公共阅读、文化活动和展览展示等服务之外，相关人员还增添了针对游客的游览指引、文旅体验及展示等全新服务内容。文旅服务空间如今集公共文化服务与旅游服务于一体，因此，如何明确其核心功能并确定其基本定位，成为亟待解决的关键问题。

（2）不断拓展的空间类型

《中华人民共和国公共文化服务保障法》将公共文化设施明确界定为"用于提供公共文化服务的建筑物、场地和设备，主要包括图书馆、博物馆、文化馆（站）、美术馆、科技馆、纪念馆、体育场馆、工人文化宫、青少年宫、妇女儿童活动中心、老年人活动中心、乡镇（街道）和村（社区）基层综合性文化服务中心、农家（职工）书屋、公共阅报栏（屏）、广播电视输出覆盖设施、公共数字文化服务点等"。与"两馆一站"相比，这一界定拓宽了公共文化的设施范围，将工人文化宫、青少年宫、老年活动中心等文化活动场所也纳入公共文化设施的范畴。文旅融合的持续深化进一步丰富了文旅服务空间的类型，原有公共文化空间逐步加入旅游服务功能，先前的旅游服务设施也逐步加入公共文化元素，使文旅服务空间的类型更具多样性。随着社会力量参与公共文化服务的持续推进，文旅服务空间的供给形式不断增加，公益组织、企事业单位、民间团体等也不断成为文旅空间供给的支撑力量。公共文化和旅游设施供给交融，不同来源的旅游设施被纳入文旅服务空间的范畴，有助于我们丰富文旅活动空间，提升文旅活动体验，将政府资源的整合拓展为社会力量、政府资源的全面整合。如何建立吸引社会力量、整合政企资源的平台机制是提升文旅服务空间的关键问题。

（3）与日俱增的服务对象

传统公共文化服务空间以当地群众为主要服务对象，包括普通老百姓、弱势群体，同时，其既包括当地户籍人口，也包括外来务工人员，虽然数量较多，但整体地域比较集中，群体活动范围相对稳定，管理和持续服务效能均可得到保障。在文旅融合背景下，外地游客也会成为文旅服务空间的重要服务对象，这一群体对文旅服务空间的需求与当地居民有一定的差异性，同时流动性较大，对文旅服务空间的多样性、创新性等要求更高，这对当地文旅行政部门提出了更高的要求。在公共文化服务的基础上，要分析外地游客对文旅服务空间的需求，以期更好地创新文旅服务内容，拓展文旅服务空间。

（二）文旅服务空间的属性与价值

1. 文旅服务空间的属性

在城镇化加速的背景下，陈波和李婷婷深入探讨了农村公共文化空间所面临的"空心化"和"格式化"等一系列挑战，并提出了"再造农村公共文化空间的四种模式，即'池塘聚落型''设施助推型''信仰聚落型'和'活动召集型'"[①]。哈贝马斯将任何对公众开放的场所定义为"公共的"，如公共场所或公共建筑，这体现了公共领域的开放性特征。文旅服务空间所承载的"公共空间"意义与"公共领域"紧密相连。哈贝马斯对公共空间的界定，促使文旅服务空间超越了其单一的实体属性，同时，由于供给来源的多样性，社会各界积极参与，各具特色的文旅服务空间正逐步实现整合。

（1）文旅服务空间的实体性与虚拟性

传统的公共文旅空间主要依赖实体场所，这些场所经过社会认可，形成了定期定时举办活动的习惯，可为广大群众提供文化、旅游等公共服务，旨在满足基本的公共文化及旅游需求。然而，受限于场地、资源等因素，实体公共空间的公共产品种类相对有限，其服务形式趋于格式化，且可获取性不高，难以有效满足不同群体、不同专业背景、不同年龄层的需求，进而导致公共文旅服务受众的空心化现象。随着互联网技术和云技术的不断进步，网络虚拟空间为实体空间带来了日益丰富的补充。相较于传统的实体文旅服务空间，网络虚拟空间具有更高的可获取性，其提供的产品类型更为丰富多样。同时，它在数据收集和分析方面展

---

① 陈波，李婷婷. 城镇化加速期我国农村公共文化空间再造：理论与模式构建 [J]. 艺术百家，2015，147（6）：72-79.

现出独特的优势，成为实体文旅服务空间的重要补充部分。目前，虚拟文旅服务空间的发展仍处于初级阶段，需要我们在需求收集、产品设计、供给方式、产品来源等方面进行更多的系统化设计，以满足人民群众日益增长的多样化需求，并在文旅融合的大背景下形成更具特色的服务形式。

（2）文旅服务空间的物理属性与社会属性

当前，各界对人与公共空间关系的研究内容和研究视角均处于转换时期，他们从更多地关注公共空间的物理属性转移到关注城市公共空间的社会属性。针对公共空间物质属性层面的研究，主要研究形态、色彩、材质、风格等外在表象，缺乏基于人的需求展开的分析。杨茂川和张赢月以个体需求为出发点，分析了城市公共空间的类型，提出了"具有归属感、体验性、参与性与休闲性这四类城市公共空间"①。

旅游景区内存有许多具有深厚历史底蕴的街区、道路、公园等，能唤起人们的向往，这不仅仅是因为它们所具有的传统文化、历史内涵，以及别具特色的建筑风格，更重要的是公共空间所展现出的人文关怀理念，能够使人们更好地感受独具特色的空间环境、触人心弦的空间氛围、舒适便捷的空间设施等，满足其在心理上对于"以人为本"的追求。

（3）文旅服务空间的政府主导性与多元供给性

政府部门提供的公共文化空间能够供给主流的公共服务，满足人民群众基础的公共文化和旅游需求。在我国，公共文化服务依靠的公共部门主要包括公共图书馆、文化馆（站）、博物馆等公益性文化事业单位，它们是我国公共文化服务体系的"骨干"。随着公共空间逐步向更多的社会力量开放，私营企业、非政府组织及非营利机构成为政府主导模式下的重要补充。目前，社会力量提供公共文旅服务的渠道主要包括以下三种：①通过政府向社会力量购买服务，以免费或低价方式向民众提供。这将弥补政府及其附属机构文化服务所衍生的缺乏弹性、效率低下及公共文化服务产品单一等不足；②通过企业投资、资助、捐助公益性文化服务（产品）或者兴办文化实体（譬如民办博物馆、艺术馆、私人图书馆、文

---

① 杨茂川，张赢月.人文关怀视野下的城市公共空间特质与分类研究 [J].南京艺术学院学报（美术与设计），2015（2）：172-178.

‍‌‍‍‌‍‌‌‌

化公司等）；③非营利性社会组织向公众提供公共文旅服务，这种模式被西方学者称为"便利提供者模式"。

2. 文旅服务空间的价值

文旅服务空间在类型和供给模式上的多样性使区域文化、区域特色、旅游资源等有了更多的载体，也使公共空间承载了更多的特色展现、文化体验、信息服务等功能，具有社会关系融合、特色文化沉浸、文旅信息供给等价值。

（1）有助于社会关系的融合

习近平总书记发表的"以文化人、以文育人、以文培元"的重要讲话，将公共文化的育人功能、文明培育功能提上了日程。从社会意义的角度看，公众在文旅服务空间产生的交往形态及组织关系与哈贝马斯提到的交往行动相似，强调通过思想碰撞促进群众的文化交流与认同，这在一定程度上也是公共文旅空间的价值所在。实体或虚拟的文旅服务空间可为公众提供文化交流、文化展示的平台，培训、展览展示等公共服务的常态供给使文旅服务空间成为人民集聚、享受公共文化服务、进行文化交流的重要生活空间。

（2）有助于特色文化的沉浸

区域特色文化的凝练和展现是人们提升当地民众文化认同、扩大当地文化区域影响力、提升文化旅游魅力、推进文旅服务创新的重要内容。各级各地积极推进文旅服务示范区、示范项目的建设，解码优秀文化、提炼地域特征、设计展陈空间、推进特色培训，逐步建立文旅特色品牌。文旅服务空间是特色文化的展示载体，有助于丰富当地群众和外来游客的沉浸式体验，提升文化认同感和群众获得感。

（3）有助于文旅信息的供给

文旅服务空间同时涵盖实体空间和虚拟空间，共同服务于当地居民和外地游客，可使公共服务空间兼具社会性功能和体验性功能。由于游客的流动性较大，如何使其更快速、更全面、更有效地获得当地文化和旅游的相关信息是文旅服务的重要内容。文旅服务空间的整体规划和设计能够更有效地提供文化和旅游的信息，扩大文化影响力，助推文旅产业发展。

（三）文旅服务空间运行中的问题

1.文旅服务空间供给主体不足导致的发展困境

第一，政府在文旅服务空间构建中扮演着主导角色，负责推动建设多样化、设施完善的公共空间，旨在为民众创造表达与交往的环境。当前，政府所提供的公共文旅空间主要以"三馆一中心"为核心，具备较强的普惠性，但其在数量和类型上仍存在一定的不足。第二，市场在文化资源配置方面存在不足。事实上，大部分公共文化旅游空间也属于文化旅游产业的一部分，是市场构成的重要元素。然而，与市场中其他产业相比，由于公共文化旅游空间兼具公共性和文化性的特性，其盈利空间相对有限，这也导致以盈利为导向的市场往往不会将公共文旅空间视为投资的重点。市场本应起到合理配置资源的作用，但在经济优先的导向下，市场对于文旅服务空间资源的配置显得相对不足且不合理。第三，社会力量在文旅服务空间供给方面的参与尚不充分。在传统公共服务向现代公共服务的转变过程中，一个显著的标志就是越来越多的社会力量开始参与到公共服务中来，依托自身的优势和资源，为社会公众提供更加丰富、更高质量的公共产品。然而，受到制度体系、法治建设、财务管理等多重因素的影响，社会力量在文旅服务空间建设与服务中的贡献尚未得到充分体现。

2.文旅服务空间结构不合理导致的参与便利度较低

文旅服务空间的建设水平和便利性包括设施设备的完善程度、居民到公共场馆或者设施的空间距离等因素，这些因素与文旅服务空间的参与率直接相关。我国文旅服务空间长期存在产品和设施类型单一、服务效率低和供给不均衡的问题，这影响了居民文化参与的积极性。首先，空间分布的不均衡。传统的实体文旅服务空间通常采取新建、改建、扩建、合建、租赁、利用现有公共设施等多种方式，在空间布局上很难完全与群众的居住空间保持一致。实体文旅服务空间的可迁移性不高，难以适应当前快速的人员流动和居住结构变化。博物馆、图书馆、美术馆等提供优质公共产品的公共服务空间通常离居住区较远，可达性较低，这也在一定程度上限制了公共产品的可得性。其次，文旅服务空间的内部结构不合理。一些地方缺少无障碍通道，这限制了特殊人群享受公共服务的便捷性。最后，一些地方也存在文旅服务空间被挤压、挪用的情况，这在一定程度上侵犯了人民群众享受公共服务的权利。

3.文旅服务空间资源整合不足导致的群众参与意愿不高

文化场景的魅力，在于这些空间以什么样的方式组合来形成特定的场景，只有设施、场所、从事活动的人才能构成一个完整的、动态的图景，才能使参与其中的人们获得更多的休闲娱乐和交流会友的体验。在公共文化服务体系建设和公共文化空间的构建中，我们不仅要注重物理空间建设水平，还需关注公共文化空间软件资源的文化内涵的提升。由于资源整合的不足，当前的文旅服务空间较为格式化，在文化展现、传统特色凝练、公共空间吸引力方面还有所欠缺。公众缺乏一个表达个体文化特征的平台和空间，对于文化活动的参与度较低，这就导致文化建设呈现一种"空心化"的状态。

二、探索文旅服务空间的思路

文旅产业的探索与发展，不仅关乎产业自身的壮大，更能对社会经济、文化传承及生态保护带来深远的积极影响。探索文旅服务空间，能够有效吸引更多游客，进而带动旅游收入增长，为当地经济注入新活力。游客在旅行中的各类消费，包括住宿、餐饮、购物等，都能直接为当地带来显著的经济效益。文旅服务空间是展现地方文化的重要平台。通过精心策划与设计，这些空间能够生动展现并传播当地的历史底蕴、民俗风情及文化特色，从而加深游客对文化的理解与体验。这既有利于文化的传承与发展，又能促进不同文化间的交流与互鉴。优质的文旅服务空间致力于为游客提供更加舒适、便捷的旅游体验。要从游客需求出发，设计人性化的服务设施，并提供贴心的旅游服务，确保游客在旅途中获得愉悦与满足。

文旅产业的繁荣不仅局限于旅游业本身，它还能有力推动相关产业如酒店业、餐饮业、零售业的共同发展。文旅服务空间的探索将进一步吸引游客，进而促进这些相关产业的蓬勃兴起。在探索文旅服务空间时，我们需高度重视生态保护。通过合理规划旅游线路、建设环保设施、倡导绿色出行等措施，我们可以在推动旅游业发展的同时，有效保护自然环境，实现可持续发展的目标。随着文旅产业的持续壮大，该产业将创造更多的就业机会。从旅游导游、酒店服务人员到景区管理人员等岗位，都需要大量的人力资源来支持。这不仅有助于缓解社会就业压力，还能为当地居民开辟更多的收入来源。

（一）引入社会力量，提升文旅体验

传统的公共文化服务空间主要集中在社区、街道的综合性文化服务中心，以及区级的图书馆、文化馆和博物馆。这些空间的内部布局主要遵循省、市各级的相关要求。基层综合性文化服务中心通常包含图书阅览室、电子阅览室、多功能活动室、多功能展示厅及培训教室等设施。图书馆则配备了电子阅览室和亲子活动中心，基本能够满足群众的公共文化服务需求。然而，在展现独特文化魅力、增强群众吸引力和影响力方面，这些空间仍存在较大的不足。

在外部文旅服务空间的结构上，政府主导的布局方式灵活度较低，难以满足群众对公共文旅服务便捷性的需求，这在一定程度上限制了群众的参与积极性和热情。社会力量的参与能够扩大文化资源的供给主体，优化公共文化服务空间的布局，提升公共文旅服务的参与度，并扩大其影响力。这有利于提高公共服务效能，并能增强人民群众的民主意识。

因此，我们应积极引入多种类型的社会力量参与公共文旅服务，实现政策引导、经费保障、效果评估及联盟增量的目标。这样才能有效提升公共文旅服务空间的布局有效性，提高群众参与的便捷性，激发群众的参与积极性，彰显公共文化服务的独特性，并体现文旅融合的独特魅力。

（二）建设文化带，擦亮文化金名片

随着人们生活水平的提高、国内消费结构的升级与城镇化建设的持续加快，有品质的文化旅游相较于单纯的风景游能为人们带来更多的体验感、满足感和幸福感。与传统的以生产和就业来衡量城市发展的做法不同，文化场景理论从普通大众的文化消费实践入手，研究人们的文旅消费需求和表达其对城市发展带来的影响。文旅服务空间是人们参与文旅活动、表达文旅需求的载体，同时人们的参与、表达也是塑造文化服务空间氛围、彰显旅游空间文化底蕴的关键。实证研究结论也表明，文化氛围与文化参与率呈显著相关的关系，文化氛围同时又是文化旅游的重要内容。

文旅产业建设文化带，擦亮文化金名片，需要从多个维度同时发力。这包括深入挖掘并整合地域内的历史文化资源，探索独具特色的文旅品牌，并通过各种渠道进行宣传推广。同时，要加强文旅产业的融合发展，推动文化产业与旅游业

的深度结合，创新文旅产品，丰富游客的文化体验。此外，完善交通和基础设施，提高景区的可进入性和服务质量，也是关键一环。利用数字化和科技创新手段，为游客提供更加便捷、智能的服务，能进一步提升文旅产业的竞争力。当然，政策和人才的支持也不可或缺，相关部门需要加大对文旅产业的扶持力度，培养和引进高素质人才，为产业的发展提供有力保障。通过这些综合措施，文旅产业才能真正建设好文化带，擦亮地区的文化金名片。

（三）挖掘非遗项目，探索非遗传习点

2003 年 10 月 17 日，联合国教科文组织正式通过了《保护非物质文化遗产公约》，这标志着全球范围内抢救与保护非物质文化遗产的工作正式启动。党的二十大作出了重大战略部署，旨在推进文化自信自强，铸就社会主义文化的新辉煌。这需要我们精准把握社会主义文化建设的指导思想与原则目标，明确战略重点与主要任务，同时坚守中国立场，回应时代要求，以引领时代潮流的气概和实际行动，使中华文明屹立于世界文明之林，为实现中华民族伟大复兴提供强大的精神动力。中国特色社会主义文化，深深植根于中华民族五千多年的文明历史之中，汲取了中华优秀传统文化的丰富滋养。非物质文化遗产作为其重要组成部分，展现了我国各族人民的精神风貌和宝贵财富。正如时任中华人民共和国文化和旅游部部长雒树刚所强调的，保护并传承非物质文化遗产，是延续历史文脉、增强民族凝聚力的内在要求，也是坚定文化自信、推动社会主义文化繁荣兴盛的坚实基础，更是服务经济社会发展、完善社会治理不可或缺的重要力量。

首先，要通过深入的田野调查和研究，系统地挖掘和整理地区内的非遗项目。这包括对当地的传统手工艺、民俗活动、表演艺术等进行全面的梳理和记录，确保这些宝贵的文化遗产不被遗忘。其次，结合乡村振兴和文化振兴战略，我们可以在乡村地区建立非遗展馆和农耕文化展馆。这些展馆不仅可以用于展示和传承非遗文化，还能成为吸引游客的重要景点，以推动乡村旅游的发展。在探索非遗传习点方面，我们可以设立专门的非遗传习所，为传承人提供一个良好的环境，让他们能够传授技艺给更多的年轻人。同时，这些传习所也可以成为游客体验非遗文化的重要场所，让游客亲身感受传统文化的魅力。此外，我们还可以利用互联网和新媒体手段，对非遗项目进行广泛的宣传推广。通过建立非遗网站、社交

媒体账号等，我们可以发布关于非遗的动态、故事和传承人的经历，吸引更多人的关注和参与。最后，政府和相关机构应加大对非遗项目的扶持力度，包括提供资金支持、减免税收等优惠政策，鼓励社会资本参与非遗保护与旅游开发。同时，还应加强非遗保护法规的制定和实施，确保非遗文化的可持续发展。通过这些措施的综合实施，文旅产业可以有效地挖掘和传承非遗项目，探索具有地方特色的非遗传习点，为游客提供丰富的文化体验，同时推动地区文化的传承和发展。

三、探索文旅服务空间的实践

（一）上海迪士尼乐园

上海迪士尼乐园作为文旅融合的杰出实践案例，巧妙地将迪士尼的经典 IP 与中国文化元素相融合，为游客塑造了一个独具特色且备受欢迎的主题乐园。乐园内不仅配备了多样化的游乐设施，还提供全面的餐饮、购物及娱乐选择，可充分满足游客的多元化需求。除此之外，乐园还时常举办各类文化活动与演出，例如音乐会、展览等，这进一步丰富了游客的文化体验。其在规划布局、运营管理及创新实践等方面均展现出了鲜明的特色。

1. 规划与设计

（1）融入中华文化元素

上海迪士尼度假区在传承迪士尼经典故事的同时，巧妙地将中华文化的深厚底蕴融入其中。以"翱翔·飞越地平线"为例，这一景点深受游客喜爱，它引领游客飞越全球，俯瞰世界各地的标志性景观。游客可以从探险岛启程，前往世界各地的著名建筑、城市和自然奇观，体验一场视觉、听觉、嗅觉等多感官融合的环球旅行。特别值得一提的是，这些壮观景象中还特别融入了万里长城和上海天际线等具有代表性的中国元素，为游客带来了既惊喜又自豪的双重体验。

（2）沉浸式体验设计

上海迪士尼乐园致力于为游客创造沉浸式的体验环境。以"加勒比海盗——沉落宝藏之战"为例，这一智慧旅游新项目通过大量投影屏幕，将各个巨型场景紧密相连，可为游客带来身临其境的体验。全新的驾乘系统使海盗船能够旋转、侧驶甚至逆行，可为游客带来充满动感的冒险体验。同时，该景点首次引入了安全可控的全新驾乘系统，增强了游客在历险过程中的互动性和刺激感。游客将在旅途中遭遇英勇的海盗、神秘的美人鱼及北海的巨妖。

2. 运营与管理

（1）持续创新

上海迪士尼乐园不断推出新的游乐项目和体验，以满足游客日益增长的需求。例如，2023年12月，上海迪士尼乐园第八大主题园区——全球首个"疯狂动物城"主题园区正式开幕，这是上海迪士尼度假区的又一重要里程碑事件。"疯狂动物城"是上海迪士尼乐园的第八大主题园区，也是上海迪士尼度假区自2016年开幕以来第二个主要扩建项目。

"疯狂动物城"园区也是继香港迪士尼乐园开启全球首个"冰雪奇缘"园区后，迪士尼乐园和度假区业务板块在中国市场的又一全球首发园区。

（2）优质服务

上海迪士尼乐园注重提升服务理念，通过持续培训员工和提高服务质量，确保游客在游玩过程中能够享受到愉悦的体验，能够得到周到细致的服务。同时，乐园还加强了游客的安全管理和疫情防控措施，可确保游客的健康和安全。

迪士尼乐园员工培训中最重要的一点就是以顾客为中心的服务理念。这一理念贯穿于员工培训的各个环节，从员工的形象、语言、表情、行为等方面入手，让员工明确服务的目的和意义，从而更好地为顾客提供服务。迪士尼乐园员工培训体系非常完善，包括员工招聘、入职培训、职业发展、管理培训等环节，涵盖了员工的全生命周期。同时，迪士尼乐园将这些培训内容紧密结合企业文化和服务理念，让员工更好地理解和践行这些理念。迪士尼乐园员工培训采用了创新的培训方法，包括互动式培训、角色扮演、模拟演练等，可让员工更加深入地理解和感受服务理念，并且能够将其应用到实际工作中。迪士尼乐园员工培训中还强调团队合作的重要性。因此，迪士尼乐园注重建立协作机制和文化，强调通过团队建设和培训来提升员工的协作能力和团队精神。

（二）北京798艺术区

北京798艺术区以艺术为灵魂，集结了丰富多样的艺术品展览、艺术创作工作室、画廊及文化创意企业。此地不仅是一个专注于艺术创作与展示的空间，更是一个促进文化交流的活跃平台。艺术区时常举办各类艺术活动与文化节庆，可吸引众多国内外游客及艺术爱好者，进而为城市旅游业与文化产业的发展带来新的生机。作为融艺术、文化与创意产业为一体的文旅地标，北京798艺术区在探索与发展历程中展现出了独特的魅力与深远的影响。

1. 历史背景与转型

北京798艺术区的前身，是始建于20世纪50年代的原中国北方工业设备厂（以下简称"北二厂"），它曾在中国军工产业中占据重要地位。然而，随着经济的演进和时代的更迭，北二厂逐渐走向衰落。不过，在20世纪90年代，这个被废弃的工业园区开始吸引艺术家和文化创意从业者的目光。艺术家察觉到，这些废弃的厂房与设备蕴含着别具一格的工业美学，于是他们尝试将这些空间改造成艺术展览场地和工作室，由此拉开了北京798艺术区转型发展的序幕。

2. 文化特色与创意产业

原先废弃的厂房被改造成了工作室、画廊及艺术展览空间，这使得北京798艺术区逐渐崭露头角，成为北京乃至中国当代艺术的一个重要聚集地。

北京798艺术区凭借其后工业风格的独特魅力和浓厚的艺术氛围，成功吸引了众多国内外游客和艺术爱好者的目光。这里不仅汇聚了画廊和艺术工作室，还囊括了设计工作室、时尚店铺、餐厅及咖啡馆等众多元素，是一个将艺术、文化、休闲与商业完美融合的综合性文化区域。每年，北京798艺术区都会举办丰富多彩的艺术展览、文化活动和节庆，如北京国际设计周、798艺术节等，可吸引大量的参与者和观众。

北京798艺术区不仅是艺术爱好者的乐园，同时也是美食与时尚的汇聚之地。这里星罗棋布着各具特色的咖啡馆和创意小店，常常有艺术家和文化人士的光顾，这使其成为引领潮流的时尚街区。

3. 影响力与成就

自2002年以来，北京798艺术区每年都举办大量的艺术展览和文化活动，吸引了国内外游客和媒体报道，提升了其国际影响力。北京798艺术区已成为北京都市文化的新地标，并受到了国际的关注和认可，被列为世界十大艺术区之一。

近期，北京798艺术区还入选了国家工业旅游示范基地，这是对其一直以来守正创新、融合发展成果的肯定。

北京798艺术区正积极探索"艺术+"的融合发展之路，如"艺术+科技""艺术+戏剧"等，以不断创新文旅体验、满足游客日益丰富的文化需求。然而，随着艺术区的繁荣发展，它也面临着一些问题，如过度商业化、租金上涨及艺术品质下降等。这些问题需要艺术区管理者和相关部门共同努力解决，以确保北京798艺术区的可持续发展。

综上，北京798艺术区作为一个文旅空间，其成功的转型和发展不仅为游客提供了独特的艺术体验，还为文化创意产业的发展注入了新的活力。同时，其面临的挑战也提醒人们，在推动文旅空间发展的过程中，我们需要注重平衡商业化和艺术品质的关系。

（三）天津五大道海棠花节

天津五大道海棠花节是在天津五大道历史文化街区举办的一项特色文旅活动。该活动凭借海棠花这一独特的自然资源，结合五大道地区的历史建筑和文化底蕴，打造了一个集赏花、文化体验、旅游消费于一体的文旅空间。该活动通过乐赏海棠、艺韵海棠、无界海棠、乐购海棠等多个板块，为游客提供了一场视觉与文化的盛宴。在活动期间，五大道景区吸引了大量游客，实现了文旅商综合收入的显著增长，同时也提升了城市的影响力和美誉度。

1. 活动特色与亮点

（1）自然资源与文化的完美结合

五大道地区拥有众多历史建筑和丰富的文化底蕴，而海棠花作为该地区的特色花卉，每年春季盛开时会吸引大量游客。海棠花节将这一自然资源与文化元素相结合，为游客提供了独特的旅游体验。人们欣赏着这一年又一年怒放的花朵，畅聊着幸福的期望和彼此的未来。赏花之余，人们便可以用剩余的时间漫步天津五大道，看一看异域的街景，观一观特色建筑的小洋楼。

（2）丰富的活动安排

第二届五大道海棠花节举办了"乐赏海棠""艺韵海棠""无界海棠""乐购海棠"四大板块的活动，涵盖了音乐、艺术、市集等多个方面，满足了不同游客的需求。

在五大道、金街、解放北路等景区商圈将会有48场风格不同的音乐会轮番上演。民园广场的城市音乐会云集老狼、万晓利等明星。游客可以到大理道"樘院"欣赏弦乐四重奏，在棉里艺术馆聆听治愈系音乐，或者到安里甘艺术中心欣赏百年金曲回顾，在津湾广场观看中西音乐对垒……和平区将打造一座海棠音乐艺术花园，让游客朋友邂逅心仪的音乐和美景。

海棠花节为所有有情人、有缘人打造了仪式感满满的"浪漫奇遇"。在五大道、金街、解放北路等景区商圈设置7处"告白场景"、16处"浪漫装置"、27处"甜蜜打卡地"。春晚爆款"山河诗长安"的"潇洒李白"、大唐不夜城里问不倒的"盛唐密盒"以及多次登上央视的机甲龙王"敖宝"将在海棠花节期间进行他们的"津门首秀"，为游客奉上"诗意海棠""海棠密盒"等独属于海棠花节的特别演艺。游客朋友每天都能在五大道与"李白""带刀侍卫"对诗作赋，与"房谋杜断"谈古论今，与龙王"敖宝"互动聊天。同时，和平首创的"津韵不倒翁"也将登录民园广场，为游客带来"京韵海棠"特别表演。

（3）沉浸式体验

通过全业态布局，活动可为游客提供沉浸式的赏花和消费体验。例如，和平区3000多家景区景点、酒店餐饮、商场商户，可为游客朋友奉上独属于海棠花节的特别礼物。比如康乐的海棠雪糕，桂顺斋、祥禾饽饽铺的海棠花酥、海棠糕，老美华的海棠花绣花鞋，更有利顺德等酒店推出的海棠花下午茶以及上千家咖啡、饮品店打造的海棠花特调饮品。

2. 成效与影响

（1）带动旅游消费

第二届五大道海棠花节期间，丰富的文旅活动和盛开的一路海棠聚集了人气、商气和财气，带动了消费的火爆升温。各种限定产品和特色美食的推出，进一步刺激了游客的消费欲望。

（2）提升城市形象

五大道海棠花节作为天津的一项特色文旅活动，不仅提升了城市的文化品位，还展示了天津的独特魅力和历史文化底蕴。这有助于增强游客对天津的好感和认同感，从而提升城市的知名度和美誉度。

（3）推动文旅融合发展

五大道海棠花节是文旅融合发展的一个成功案例。通过深入挖掘地方特色文化和自然资源，该地区打造了一系列具有地方特色的文旅产品和活动，推动了文化与旅游的深度融合发展。

第二节　构建文旅产业服务平台

一、文旅服务平台构建的价值及现状

（一）文旅服务平台构建的价值

1. 有助于分类整合资源

文旅融合对协同推进公共文化服务与旅游公共服务提出了新的挑战，这一融合使服务对象范围扩大，涵盖了本地居民及游客。对于如何有效整合各类资源，以实现"文化促进旅游、旅游彰显文化"的目标，文旅融合也提出了新的要求。在文旅辖区内，虽然文化和旅游企业数量众多，但在分类整合与服务方面难以形成协同效应，无法充分展现特定领域的优势。因此，分类构建文旅服务平台显得尤为重要，这有助于高效整合资源，展现服务的整体效能，进而提升文旅服务的实际效果。

2. 有助于打通社会力量参与文旅服务的路径

参与公共文化服务的社会力量，是解决文旅服务供给结构失衡的主力。然而，由于政府机构在传播和平台接入方面的能力有限，部分社会力量在参与渠道和路径上遭遇不畅，甚至面临重重阻碍，这也抑制了文旅企业间的内部竞争，从而在一定程度上制约了优质文旅服务的提供。因此，分类构建文旅服务平台，可以扩大社会影响力，畅通社会力量参与渠道，增强平台接入能力，有效提升文旅服务效能。

3. 有助于文旅企业间的沟通协作

文旅企业规模不一，各具优势，但它们在服务过程中常面临沟通不畅、协作不足的问题。构建文旅服务平台，能够让部分具备服务能力和优势的企业加入其中，为他们提供更多交流与沟通的机会，这有助于吸取各自的服务优势，促成服务联盟的形成，并建立长期有效的合作机制。在此基础上，各企业能够提升自身实力，更好地服务群众与游客。

4. 有助于机制设计和整体评估

文旅服务的"公共"属性赋予了政府核心的主导角色，这意味着政府不仅有责任整合资源、汇聚服务力量，还承担着监督管理和正确引导的职责。通过构建分类的文旅服务平台，政府可以实现服务的精细化划分，有针对性地实施政策支持，并且能够更明确地界定评估的重点，从而形成相对优劣的考评机制，进一步建立起更具激励性的长效服务机制。

（二）文旅服务平台构建的现状

我国文旅服务体系已取得了较显著的成就，文旅基础设施网络基本全覆盖、文旅事业经费投入稳步增加、文旅品牌深入人心、文旅服务组织系统进一步完善。但长期以来，政府机构是文旅服务的主体，其整体服务方式较单一，经营管理方式相对粗放，在针对不同服务对象的服务内容、服务时间、服务形式等方面还未有系统的思考，文旅服务的精细化有待进一步提升。受众参与呈现两极化现象，儿童和老年人是参加文旅服务的主体，中青年参与公共活动的比率较小。针对公众需求，如何形成公共服务的内在参与机制，构建公共服务的标准体系，进一步提升公共服务对需求的满足程度，提升群众参与是亟待政府思考的重要问题。目前政府在文旅服务的文化性、服务性、体系性方面还存在一些问题，主要表现为：内容供给具有结构性问题，品质有待进一步提升；服务方式较单一，群众参与性有待进一步提升；条块分割较明显，服务平台有待进一步完善。针对这一现状，研究者提出了多中心治理的观点，认为政府应激励志愿者、社会组织等多方群体参与公共文旅服务，应整合企业、高校、民间的多元文化资源，提供更多样和丰富的文旅服务，这一视角对文旅服务平台的构建提出了更高的要求。

当前，现代公共文旅服务的平台构建仍处于初期，主要存在以下问题。

首先，文旅服务平台数量较少，以文旅资源的分类供给为主。在文旅资源方面，当前各地的文旅平台构建以数字平台为主，强调文化和旅游资源的数字化展现和供给。其在文旅资源的内容上主张将文化和旅游的相关资源加以数字化呈现，

以新质生产力引领文旅产业新发展

使文旅服务平台成为线下文旅服务空间的重要补充。此类平台在智能服务、精细化供给等方面仍存在较大的不足。

其次，文旅产业整合平台缺少，文旅产业竞争力较弱。当前，文旅事业与文旅产业的联结性较小，在运营过程中存在重建设、轻管理、重投入、轻效益的现象；服务主体比较单一，监管主体、实施主体、运营主体还没有形成较合理的布局；文旅产业服务平台尚未建立，如何进一步厘清特点、整合资源、搭建服务平台、有效提升服务效能是提升公共服务有效性的重要内容。

最后，文旅服务供给渠道不畅，服务多元供给机制缺失。当前，我国文旅服务依然存在有效供给不充分、文化和旅游活动叫好不叫座的情况。文旅融合扩大了文化服务的内容，也使服务内容的主体扩大化，提高了多主体供给的可能性。扩大供给主体、丰富供给结构是解决内容供给结构、提升品质的关键要素。当前提供多元主体参与文旅服务的平台较少，参与机制缺失，如何引入第三方，以及如何提高第三方服务的能力，并实现社会力量参与公共文旅服务的保障是我们需要解决的重要问题。

二、构建文旅服务平台的思路

（一）基于新公共管理模式的文旅服务平台设计

自 20 世纪 80 年代起，欧美地区率先涌现出一股新公共管理的潮流，它强调关注顾客需求、重视商业管理技术，并引入了竞争机制。这股潮流通过采取商业化、公司化及私有化措施，推动了公共部门更全面地融入市场经济体系，从而颠覆了传统的官僚行政制度和公共企业制度。借鉴新公共管理的模式，我们可以构建一种新的公共文旅管理体制。该体制在明确政府主导地位的同时，也应引入市场机制和社会力量，并在强化政府财政保障的基础上，加大监管和评估的力度。这样一来，社会力量便成为公共文旅服务供给的重要补充，有助于丰富服务内容、完善服务机制、优化服务形式，并最终提升服务效能。

在设计文旅服务平台时，我们需特别注重彰显其特色。为此，我们必须做好文旅企业的筛选和评估工作，选择那些具有鲜明文旅特色、承载丰富文化民俗、并能有效传播景区文学的社会企业。同时，我们还可以引入具有社会影响力的名人和名企，以进一步提升文化的影响力。在文旅融合的时代背景下，平台的设计应充分考虑文旅服务的能力，以确保平台企业能够同时满足当地居民和外来游客的需求，从而真正实现全域服务的目标。

文旅服务平台要在提升功能上下功夫。要用好"一山一水"，挖掘山水资源之下的人文、风俗，以科学、时代、发展、创新的理念打造景区文化，提升公共文旅服务的吸引力；吸引社会力量，整合资源，以精品战略打造优质作品，传播优秀文化，形成生产与传播的良性循环，增强文化竞争力，提升民众满意度；充分重视政府主导的作用，在服务内容生产、服务平台构建中渗透主流价值观，实现主流价值观和服务定位的契合，推动主流价值观的积极有效传播。

文旅服务平台要在协调方式上下功夫。要巩固已有文旅资源，促使其最大化地利用现有资源总量；将文旅企业资源接入到公共服务体系，使其承担一部分设施管理的职能，有效提升现有资源的利用率；整合相关文旅企业资源，接入文旅服务，优化组合，盘活存量；做好各服务平台的组织协调工作，形成服务合力；创造新生资源，纵向贯通、横向增容、拓展空间；针对具有独特位置、空间优势的文旅企业，采用政府购买的方式，强化服务，满足人民群众对美好生活的愿望。

（二）基于信息技术的文旅服务平台设计

在当今时代，信息技术正经历一场深刻的变革，其核心在于互联网技术和通信技术。这一变革的特点是从以往的技术主导模式，逐渐向技术与应用紧密结合的模式过渡。特别是宽带技术、5G 技术、移动互联技术等新兴技术的广泛应用，为公共服务带来了内容生产、传播及享受形式的显著变化。

多媒体信息技术可展现出以下显著特征。

第一，信息的数字化趋势明显。技术革新改变了公众获取信息的方式，主要渠道已从传统的纸质书刊、报纸、杂志及广播电视等转变为移动互联网。人们愈发习惯于通过电脑来收集资讯、了解世界变化、进行工作交流和完成商业服务。信息多媒体化已成为公共服务领域不可逆转的发展趋势。

第二，用户交互与分享更加便捷。社交媒体的普及使用户既是内容的使用者，也是内容的创造者和传播者。这一变化打破了以往传播机构占主导地位的格局，使内容创造和信息传播呈现出"去中心化"的特点，人的传播特性愈发凸显。

第三，公众的参与范围扩大、参与水平提升。互联网技术使公众能够更深入地参与到文旅服务中来，他们的角色从单纯的内容使用者转变为兼具建议、分享、创造等多重功能的"万事通"。同时，公众对服务内容的品质和服务形式的多样化也提出了更高的要求。

基于信息技术的发展，旅游景区要以满足市民对网络信息的需求为基础，依托数字文化云服务，注重联合与创新，在数字化服务和电子资源建设方面不断努力。

要加大数字资源建设力度，建设覆盖全区的数字图书馆。重点加快数字资源建设步伐，通过购买、自建、共享等多种形式，积极推进数字图书馆建设力度，扩大数字资源容量，为群众提供方便快捷的网上文化服务。要开通面向全区群众的数字图书馆在线服务，以及电子报纸在线阅读、购买"日阅通"数字图书馆等服务。公众进入数字图书馆云端资源，可以享受超过海量图书资源。要在既有数字服务成果的基础上，积极布局基于大数据的文旅服务平台，以更好地识别用户需求、生产和整合优质内容、融合和利用公众的原创内容。

（三）基于文旅服务创新的平台设计

针对既有问题和文旅服务发展趋势，我们要从公共服务组织、公共服务载体设计、高新技术平台等方面持续发力，引导和鼓励社会力量参与建设，推进公共文旅服务的市场化、社会化。

1. 引导社会力量参与

公共服务组织系统是向公众提供公共服务的组织力量。原公共文化服务组织系统是向公众提供文化服务的组织力量，随着机构改革和文旅融合的进一步开展，我国的文旅服务组织进一步强化，主要包括各级政府文旅部门、宣传文化旅游事业单位、各类文化企业、社会组织及文化志愿者等。民间文旅社团、民办非营利组织、基金会等第三方社会组织参与文旅服务，是21世纪以来我国公共文旅服务体系建设在市场经济体制下的重大进步。随着政府职能转变的进一步深化，第三方社会组织的作用进一步凸显，在公共文旅服务产品的生产、供给、管理中发挥越来越重要的作用，这有力地促进了服务型政府的建设，提高了文旅服务的专业化水平。

2.设计公共服务载体

文旅事业和文旅产业的发展都离不开多元主体的支持，只有引入多元主体，提供多元服务，才能满足人民群众日益增长的多样化精神文化需求。为了更好地引导社会组织参与文旅服务，旅游景区需转变政府职能，创新设计公共服务载体，引入民营企业和民营资本，创新竞争参与模式，发挥企业在文旅服务中的作用，形成多方参与、共同协商、理性对话的模式。为了充分发挥促进文旅服务的作用，景区要在宏观上做好布局，统筹规划，加大资金支持，形成制度保障；微观上，要加强监督与管理，政策上建立支持保障体系，管理上创新管理方式，向企业学习管理方法，避免多头和重叠管理。同时，要针对不同的公共服务领域设计不同的公共服务平台，促进同类型企业间的沟通与交流，促进资源整合、共建共享，有效提高文旅服务效能。

3.打造高新技术数字平台

随着以互联网、手机等为代表的新媒体技术的发展，手机端、电脑端、电视端的新技术、新业态不断出现，越来越多的公众通过新技术、新端口参与文旅服务。然而，现有的文旅服务渠道仍然以传统的参与方式为主，数字资源相对较少，服务形式也相对单一。公共文旅数字平台能够有效扩大群众覆盖面，能够有效对接政府、企业、社会组织提供的文化服务和产品，能够有效推进线上线下的互动引流，有利于广大群众共享文旅产品，有利于解决线下实体空间不足的难题，有利于缩小群体间文化享受的差异。要抓住时机，以群众需求为基础，整合各类资源，设计打造云服务平台，提高文旅服务获得的便捷性，扩大文旅服务的均等性。

三、构建文旅服务平台的实践

（一）"智游天府"平台

1.背景与目标

为深入贯彻《"十四五"旅游业发展规划》的指导精神，积极响应"加速推进智慧旅游，深化'互联网＋旅游'融合，拓宽新技术应用场景"的号召，四川省文化和旅游厅将服务公众与满足游客需求作为工作出发点，以构建四川智慧文旅生态体系为核心理念，成功打造了四川省"智游天府"文化和旅游公共服务平台（以下简称"平台"）。该平台自 2020 年 9 月 25 日上线以来，为四川省文旅产业的数字化创新发展提供了强有力的支撑。

平台围绕"数字产业化、产业数字化、数字化治理"三大主线，秉持"实用、管用、好用"的设计原则，遵循"一中心、三板块"的顶层架构设计，全面展开了四川文旅大数据中心、综合管理板块、宣传推广板块及公共服务板块的建设工作。通过采用"云 + 中台 + 应用"的创新设计理念，平台成功构建了一个面向政府、企业及公众，覆盖省、市（州）、县（市、区）及文化旅游相关产业群体的全方位、一站式服务开放平台，实现了四川文旅行业的"一张网"整合。平台的建设与运营不仅达成了四川"文旅服务总入口、文旅管理总枢纽（大脑）、文旅宣传总展馆、文旅产销总平台"的"四总"目标，还推动了四川省文旅产业的深度融合与创新发展，为四川文旅数字经济生态的培育注入了新的活力。

2. 关键功能与服务

（1）文化旅游云数据中心建设

通过构建文化旅游云数据中心，统一了纵向与横向的数据接入标准与规范，并建立了文旅数据的编目与编码规范等相关标准体系。这一举措成功汇集了来自各方的数据资源，初步实现了全川文旅数据的大融合目标。具体而言，在纵向层面，实现了各级文旅企事业单位基础及运行数据的连接，构建了一个"省—市（州）—县（市、区）—企业"的有机联动体系；而在横向层面，整合了公安、交通、气象等相关部门的文旅数据，实现了涉旅数据的互联互通。

文化旅游云数据中心的建立，有效地解决了以往在数据交换共享方面存在的堵点、痛点和难点问题。它为提升日常文旅行业的运行监管水平、增强文旅资源的适配性能力、科学引导文旅文明消费、持续改善宣传推广的精准度及辅助应急指挥调度等工作，提供了精确的数据支撑。

（2）综合管理板块

"智游天府"平台基于技术中台的统一数字身份体系构建了协同办公系统：通过工作流引擎实现机关公文、事务等流程化管理和上下协同，通过"微服务"架构实现新增业务管理系统的集成与扩充，满足机关政务一体化的管理需求；通过集成企业诚信监管、旅游团队监管、旅游投诉管理、旅游执法等系统，强化全省文旅行业的智慧管理和网络舆情监测水平；通过大数据分析，辅助决策研判，畅通投诉、咨询和应急救援通道，提升应急处置能力；通过对接全川 1000 余家 A 级旅游景区和文博场馆，实现全省产业运行情况的"可观""可管"，同时通过考核、通报、排名、晾晒，有力促进各级主管部门行业监管意识和能力的提升。

（3）宣传推广板块

平台已制定全省文旅行业统一宣传推广标准，建设四川文旅宣传推广平台，实现线下、线上资源整合，形成文旅产品资源池，打通资源方和渠道方间的信息渠道，将文化资源与旅游资源相结合，打造以旅游为载体、以文化为内涵的智慧文旅运营生态圈。平台以文化建设为导向，赋能旅游产业发展升级，实现"全员参与、全员营销、全员受益"；构建文化旅游营销大数据分析模型，提供文化旅游营销数据统计分析查询服务，为文旅企业制订营销策略提供分析指导，对各地文化产业及旅游经济的发展趋势及潜在隐患进行预判，打造出了信息汇集的"总数据库"、信息加工的"中央厨房"、信息发布的"分发中心"，不断提升巴蜀文化影响力和四川旅游吸引力。

（4）公众服务板块

一方面，平台作为四川省政府持续推进"放管服"建设工作的重要抓手，"智游天府"平台实现了政务信息资源共享和业务协同，让"数据多跑路""企业少跑腿"，为全省文旅市场发展构建了良好的营商环境。另一方面，平台以一站式公共服务为核心，通过 App、小程序、微信公众号等方式，为公众提供了预约预订、景区、场馆、住宿、餐饮、文博展览、文艺演出、在线直播、特色产品、精品线路、评论分享、投诉举报、志愿服务、研学旅行等三大类三十余项主要服务。例如志愿者服务系统，采用"线上＋线下"相结合的方式，可为全省文旅志愿服务提供方便快捷的注册方式和更广泛活动参与渠道。同时，系统还可通过发布志愿者积分排名、生成荣誉证书等方式，提高志愿者参与积极性。

（二）"烟台文旅云"平台

1. 建设思路

"烟台文旅云"是山东省首个市级智慧文旅公共服务平台，由烟台市文化和旅游局按照"政府主导、社会参与、重心下移、共建共享"和"一个平台、一个体系"的工作思路和技术标准打造而成，于 2020 年 3 月 28 日正式投入使用。该平台以"烟台文旅云"为主要载体，构建了"1+3+N"的智慧文旅服务模式，即1个智慧文旅大数据中心、3个功能（智慧服务功能、智慧营销功能、智慧管理功能）、N个应用（贯穿"智、尚、趣"建设原则，从供需两端发力，面向消费者、企业、政府部门等不同用户群体，覆盖网站、App、小程序、手机网等多终端），最终实现了"展示有内容、发布有平台、交流有渠道、诉求有回应、消费有保障"。

2. 核心组成部分

（1）智慧文旅大数据中心

该平台可对接多个数据源，构建数据融合共享体系，为文旅决策提供支持。该平台还打破数据交换条块分割，横向对接公安、大数据、通信、金融等部门，融合同程、携程等OTA数据；向上对接国家公共文旅云、好客山东网、"云游齐鲁一部手机游山东"等平台；向下接入烟台市各区市、文旅要素主体，并构建全市文旅智慧"大脑"，构建了统一采集、集中存储、快速处理和应用共享的数据融合共享体系。

（2）智慧服务功能

该平台能融合多种服务应用，提供艺术欣赏、非遗体验等主题产品，增强游客的互动体验。"烟台文旅云"融合了5大类36项服务应用，先后上线了艺术欣赏、精品慕课、非遗体验、读好书、攻略游记等主题产品6000余项；推出了分时预约、产品预订功能，实现了烟台全市4A以上景区的分时预约和旅游产品的在线订购；新增"智能魔镜""我在现场"等沉浸式智能体验场景，旨在增强互动体验；推出了意见反馈、百姓点单等应用，云助力"放管服"改革，可加快实现文旅公共服务事项"一云"查询与办理，文旅需求"一云"具备反馈与互动功能。

（3）智慧营销功能

该平台可通过线上文旅推广中心，系统展示烟台优质文旅资源，实现旅游景区的VR体验和云导览全覆盖；搭建展示平台，通过线上文旅推广中心，系统展示烟台优质文旅资源，实现全市75家A级旅游景区VR体验和云导览全覆盖；搭建宣传平台，上线文旅活动、在线直播、旅游线路、影像烟台等主题产品4000余项；搭建优惠平台，通过积分商城、文旅消费券申领、烟台市民休闲护照等应用，构建展示、宣传、销售"一条龙"消费闭环。

（4）智慧管理功能

该平台可开发安全、文物等监管系统，集合全市 36 家要素主体、91 个客流监测点位，接入 462 路视频监控信号，实现客流远程实时监测、游客分布实时跟踪、热点区域实时预警；开发预约系统，联合 21 家 4A 级旅游景区，实现智慧化线上预约，无纸化、无接触通行入园；开发诚信系统，能对要素主体服务质量及时跟踪、动态评价、定期发布文旅企业"红黑榜"。

第三节　培育文旅产业服务项目

一、文旅服务项目

（一）文旅服务项目的内涵与类型

文旅融合的核心在于服务项目，而其基础则在于资源的开发与利用。尽管目前尚未有权威文件或理论文章对文旅服务项目的内涵进行深入探讨和界定，但无论是在理论层面还是实践层面，文旅服务项目都因其地方化、多元化及多形态的资源基础而展现出丰富的类型。观察各地的文旅服务项目发展实践，我们不难发现，各地区往往立足本地独特的自然与人文资源，致力于打造具有鲜明地方特色且形态多样的文旅服务品牌。同时，各地区还积极结合互联网技术与媒体传播手段，借助影视、动漫、综艺、短视频等具有高辨识度和新奇度的文化 IP，不断挖掘和拓展文旅服务项目的新增长点。

从整体来看，文化旅游及其配套服务构成了文旅服务项目的主要内容。在文化旅游方面，有学者将其主要类型概括为文博旅游、非物质文化遗产体验游、旅游演艺、红色文化旅游、乡村休闲旅游以及旧城旧址的改造与保护游等。也有学者根据文旅资源的类型，将文化旅游开发归纳为故居类、宗教类、古镇古街古村类、史前遗址类、古代设施类、文化主题公园类、文化新区类、旅游小镇类、文化产业园区及纪念园类十大类别。还有学者将各地在文旅融合方面的探索总结为文化景观模式、主题公园模式、特色小镇模式、旅游演艺模式、文创开发模式及文化节庆模式六种类型。这一分类基本上为文旅服务项目的类型框架提供了清晰的梳理方向。

1. 文化景观模式

文化景观，亦称"人文景观"，它指代的是那些历经历史沉淀、与人类社会活动紧密相连的景物所共同勾勒出的风景画卷。这一概念主要涵盖了历史古迹、古典园林、宗教文化、民俗风情、文学艺术、城镇与产业观光等多种类型，是文旅服务项目最为基础的源泉。随着人类社会的不断进步与发展，人类的足迹已遍布全球。在这个过程中，自然景观因人类的涉足与痕迹，逐渐融入了人文元素，从而转变为文化与自然并重的双重遗产。例如，泰山在无数文人墨客的笔下，被赋予了"五岳之首""天下第一山"等美誉，同时成为中华民族的象征及东方文化的缩影，因此其无疑应当被纳入文化景观的范畴之内。

2. 主题公园模式

伴随人们旅游与文化消费体验需求的升级，主题公园成为一种热门的现代旅游目的地。其主要根据自然或人文的一个或多个特定主题，采用现代科学技术和多样化活动方式，集娱乐活动、休闲要素和服务接待设施于一体。大部分主题公园是收费性质的，如享誉中外的迪士尼乐园、环球影城等。也有部分主题公园是地方政府市政部门及文旅部门为了满足居民及游客的娱乐与休闲文化需要而建设的具有公益性质的场所，如森林公园、烈士纪念园等。

3. 特色小镇模式

文旅特色小镇主要有三类：一是以古镇为载体，涵盖民俗、文化艺术、非遗展示、文艺酒吧、个性客栈、特色文创等元素，如乌镇、丽江古镇、凤凰古城等；二是以特色文化园区为载体，可通过完善特产的开发、生产与销售链条，给予人们新奇、真实的人文体验，如龙井茶村、浙江横店影视城、中医药特色小镇等；三是以项目引进形式，建设的具有一定特色或主题的园区，并能在其中通过举办一系列特色活动或赛事，丰富人们的文化和艺术体验。

4. 旅游演艺模式

近年来，凭借生动、直观且表现力强的特点，旅游演艺逐渐发展成为景区的标配，并成为文旅融合的一种新型业态，丰富了游客的夜间旅游体验，改变了传统观光游"白天拍照、夜晚休息"的单一模式。依据场地类型的不同，旅游演艺可以被划分为实景旅游演出、主题公园旅游演出及剧场表演旅游演出等多种形式，其中，张艺谋执导的《印象·刘三姐》系列、《宋城千古情》和《长恨歌》等作品尤为著名。2019 年 4 月，中华人民共和国文化和旅游部（以下简称"文旅部"）官方网站正式发布了《关于促进旅游演艺发展的指导意见》。作为文旅部成立后首推的政策性文件，该意见从发展目标、监管举措等十四个维度明确了方向与重点，并提出了一系列扶持政策，旨在为旅游演艺行业的健康发展奠定坚实基础。

5. 文创开发模式

除了实地游览与亲身体验，旅游目的地还依托"专业团队 +IP 衍生品"的模式，对其丰富的文化旅游资源进行了深度发掘，并实现了产业链的拓展，而文创产品开发模式正是这一进程的具体展现。文创，简而言之，是基于拥有广泛受众且系统化的文化主题，通过创新手法进行再诠释与创作（即创意转化）的过程及其相关成果。文创产品的开发路径极为多样化，专业的文创开发团队会立足原有的文旅资源（或文化 IP），可借助工业设计等手段，探寻与食品药品、服饰、出版物、化妆品、电子产品、文具、玩偶等实物载体，或是电子游戏、软件应用等虚拟载体之间的结合点，进而研发设计出种类繁多、引人注目的文创产品。例如，自 2016 年入驻天猫平台以来，故宫已推出了超过一万种文创产品，其中不乏创意十足的"比剪刀手"卖萌雍正画像、设计精巧的文创日历及故宫口红等广受欢迎的爆款文创产品，它们使故宫成为文化旅游、文化消费与文化传播相融合的新标杆。

6. 文化节庆模式

随着游客对旅游项目文化内涵体验的要求不断提高，文化节庆活动丰富的表现形式、深厚的文化底蕴契合了游客对文化旅游产品的需求。祭祀仪式、巡游、餐饮、祈祷字符、庆典爆竹、戏剧舞蹈、雕刻绘画等形式，通过转化为供游客参与体验的文化节庆项目，可让游客近距离体验感受传统文化、民族文化的魅力。文化节庆发展至今主要形成三种路径：第一，传统节庆文化与地方非遗文化、民俗文化的深度融合，比如，端午节在祭屈原、赛龙舟、吃粽子等传统活动之外，也存在地方特色的民俗活动；第二，多样化的民族文化赋予了文化节庆更丰富的内涵，比如，彝族火把节、傣族泼水节、蒙古那达慕、藏族酥油花灯节等；第三，围绕公民文娱生活而不断创新的现代文化节庆活动及体育赛事，如中国花朝节、青岛啤酒节、中国国际动漫节、乌镇戏剧节、国际马拉松等。

上述六种模式基本涵盖了文旅服务项目的主体内容，但文旅服务项目并不仅仅单指某一模式，大多数情况下，文旅服务项目包含六种模式的各种排列组合。另外，广义的文旅服务项目还包含配套服务项目，如食宿、商贸、休闲等，以及各类媒介宣传、技术创新项目，如《上新了，故宫国家宝藏》《遇见天坛》等电视节目，数字文博、智慧景区等科技创新应用项目。

（二）文旅服务项目的作用价值

文旅服务项目作为文旅融合的重要载体，赋予了空间移动的旅游以文化内涵，又使包括自然风光、古迹、历史场所、博物馆、艺术中心等物质资产和民俗、文化习俗、文化节庆等文化资产，在旅游活动中得以演示、传承、保护、开发和利用。这种双向作用，同时将对目的地经济、服务受众产生较大的正面影响。

1. 促进目的地经济发展及文化旅游产业转型升级

文旅服务项目不仅丰富了旅游项目的文化内涵，促进了旅游产品的转型升级，也为旅游目的地带来了更加可观长效的经济收益。据《中华人民共和国文化和旅游部 2023 年文化和旅游发展统计公报》数据，2023 年，国内出游人次 48.91 亿，比上年同期增加 23.61 亿，同比增长 93.3%。其中，城镇居民国内出游人次 37.58 亿，同比增长 94.9%；农村居民国内出游人次 11.33 亿，同比增长 88.5%。分季度看，其中一季度国内出游人次 12.16 亿，同比增长 46.5%；二季度国内出游人次 11.68 亿，同比增长 86.9%；三季度国内出游人次 12.90 亿，同比增长 101.9%；四季度国内出游人次 12.17 亿，同比增长 179.1%。国内游客出游总花费 4.91 万亿元，比上年增加 2.87 万亿元，同比增长 140.3%。其中，城镇居民出游花费 4.18 万亿元，同比增长 147.5%；农村居民出游花费 0.74 万亿元，同比增长 106.4%。

西方发达国家，尤其美国和日本，文旅服务产业已经成为国民经济支柱产业。国际文旅服务产业的发展经验以及我国旅游业发展放缓这一问题均表明，强调文旅融合，创新文旅服务项目对于推动地区文化产业和旅游产业的内涵发展和创新探索、提高国家和城市辨识度、引领地区经济发展具有十分重要的战略价值。

2. 满足受众文化需求及繁荣地方文旅事业

文旅服务项目在带来经济效益的同时，为丰富群众精神世界、培养群众文化素养、繁荣地方文化，提供了有效路径。一方面，具有公益性质的文旅服务项目，如各类艺术创作演出、文化节庆等活动，丰富了公民的文化生活。另一方面，各类文旅服务项目的发展及其带来的文旅设施、文旅人才队伍的发展，将整体推动地方文化事业的繁荣。文旅服务项目除了内容与活动形式创新，离不开一系列文旅设施、文旅服务团队的承接，文旅服务项目在发展的同时，势必会带动地方文旅设施（如各类剧院、艺术馆、图书馆、公园等）的建设与优化，也将集聚一批文旅服务项目人才队伍，共同打造地方文旅事业特色品牌、推动地方文旅事业的繁荣与进步。

（三）文旅服务项目面临的挑战和问题

当前，各地在大力推进文旅服务项目的同时，仍然面临一系列问题与挑战。从各地文旅服务项目实践遇到的问题来看，第一，一些地方特色文化挖掘不够深入，文旅服务项目的文化含量不够高；第二，一些地方在文旅服务项目的设计风格、经营模式等方面缺乏创新，引发同质竞争；第三，一些地方没有正确把握文旅融合的内在要求，片面追求经济效益、缺乏项目的可行性论证，导致价值含量低的项目"大行其道"，这严重影响了地方文旅融合的高质量发展进程。

更大的挑战在于，在文旅服务项目开发过程中，如何促进文化资源和旅游资源的保护利用、如何进一步促进文化与旅游公共服务的共建共享、如何进一步整体推动文化产业和旅游产业的提质升级、如何优化文旅服务项目的空间布局和市场管理、如何进一步提升文旅服务项目的品牌建设水平。

针对上述问题与挑战，已有学者探讨了应对策略，归纳而言主要有三方面。

第一，树立和强化三个意识。要树立 IP 意识，深耕本地、本项目特色历史文化，打造高度概括、独一无二的文化 IP；强化创新意识，突破固有模式，着眼新需求、依靠新技术、创新新形式，拓宽文旅服务项目的多种实现模式；树立市场意识，在综合考虑市场消费能力、市场承载能力、全天候运营能力的基础上，有效提升文旅服务项目的经济、社会、文化效益。

第二，因地制宜推进文旅服务项目政策规划。目前，国家层面尚未出台针对文旅服务项目政策规划的指导意见，但聚焦某一文旅服务项目类型，相关部门已开始陆续出台政策文件，如《关于促进旅游演艺发展的指导意见》《关于促进乡村旅游可持续发展的指导意见》等。一系列专项政策规划的出台将从宏观上合理整合与布局文旅资源、引导文旅服务主体更加有效地推进各项文旅服务项目落地。

因此，各地应立足自身发展实际，认真梳理地方文化与旅游资源脉络，加快开展文旅服务项目的规划研究与政策扶持，有效引导、鼓励和实现单一资源到综合资源、单一业态到多种业态的资源整合。

第三，强化和创新营销手段，加大文化旅游形象宣传力度。除"打铁还需自身硬"外，文旅服务项目的成效离不开市场营销和品牌形象塑造。因此，各地在推广文旅服务项目时，要借助科技手段，强化和创新项目的形象包装，结合项目类型、服务受众特点，选择差异化的宣传媒介和传播方式，这有助于实现文旅服务项目的最佳营销及地方文化旅游形象的真实塑造。

二、培育文旅服务项目的思路

（一）依托丰富文旅资源的多种项目类型开发

旅游景区依托丰富而悠久的文化与旅游资源，专注于开发多样化的文旅服务项目。这些项目类型全面覆盖了前文所总结的六大类别，具体包括人文景观、主题公园、特色小镇、旅游演艺、文创产品开发及文化节庆活动。另外，通过将旅游演艺、文创产品开发、文化节庆活动与人文景观、主题公园、特色小镇进行"1+1""2+1""3+1"的模式组合，旅游景区可以共同构建一个类型繁多、各具特色的文旅服务项目体系。

（二）借助互联网大数据的多种项目技术手段辅助

随着互联网、大数据、虚拟现实及自媒体平台等技术媒介的迅速迭代与推广，各产业的转型升级进程得以不断加速。依托蓬勃发展的数字经济产业主体，文旅服务项目在技术手段的辅助上迈出了坚实步伐。通过与互联网公司及多元媒介渠道的深度合作，文旅服务项目借助 VR、人工智能等虚拟展示与体验形式，优化了受众的体验感受；同时，基于科学且专业的大数据平台，文旅服务项目精准地把握了受众的文旅消费需求及未来趋势；此外，文旅产业还充分利用微信、微博、短视频、媒体宣传等多种渠道，强化了文旅服务项目的宣传推广力度。在这一系列技术手段的赋能下，文旅服务项目的表现力、体验效果及品牌形象均得到了显著提升。

（三）基于整体性思维的多种项目视角选择

整体性思维强调"管理应从分散转向集中、由部分迈向整体、自破碎趋于整合"[①]，在构建文旅服务项目时，我们应秉持这一视角，不断推动项目与各类环境要素的融合。旅游景区应把握文旅服务项目建设的良机，积极探索区域资源的系统化整合、产业的深度融合发展以及社会的共同参与和共享机制，以期全面提升文旅服务项目的品质，实现配套设施与服务的同步升级与整合，致力于营造一个综合性强、开放度高的文旅服务项目环境。

（四）匹配个性化需求的多种项目受众体验设计

针对多元化的文旅服务项目受众群体，旅游景区在实施文旅服务项目时，其主体应在项目设计、运营及宣传各阶段均秉持差异化的服务策略。他们应依据受众的文化背景、信息接收特点、文旅需求及个人偏好，积极探寻与这些特质相契合的项目内涵、客户管理策略及推广方式，旨在提高文旅服务项目的精准度和客户匹配度。

要培育文旅服务项目的思路，以助力旅游景区构建一个系统化、多样化、新颖时尚、综合开放且以受众为导向的文旅服务项目体系。这一体系需进一步融入丰富的历史文化内涵、独特的地域传统特色及时尚新潮的文化元素，为文旅融合奠定坚实的内容基础。

三、培育文旅服务项目的实践

（一）尹家峪田园综合体

1. 项目背景

尹家峪村，坐落于山东临沂沂水县，历来被誉为"林果之乡"与"蜜桃之乡"。为推动乡村振兴及文旅产业的蓬勃发展，该地作出了打造田园综合体项目的重大决策。作为首批山东省级田园综合体建设试点，尹家峪项目规划占地面积达 38 平方千米，总投资额高达 20 亿元，预计年接待游客量可达 200 万人次。该项目主要依托当地得天独厚的山水林田自然资源，积极响应并践行乡村振兴战略，

---

① 竺乾威. 从新公共管理到整体性治理 [J]. 中国行政管理，2008（10）：52–58.

致力于将尹家峪田园综合体发展成为长三角地区的农产品供应基地、休闲旅游的"后花园"以及产业转移的"大后方"。

2. 项目规划与运作模式

（1）总体规划

空间布局遵循"一心一廊三带九区"的规划，其中"一心"即综合服务中心，集门票售卖、宣传推介、导游服务、集散换乘、咨询投诉、餐饮购物、监控监管等功能于一体，为游客提供全方位、一站式服务。"一廊"即一条休闲观光廊道——崮上花田风光廊，连接园区内各个区域，实现环形游览线路。"三带"即入口景观带、崮上飞索空中游憩带、阡陌之间空中小火车游憩带，方便游客从不同角度欣赏园区美景。"九区"即九个主题鲜明的功能分区：桃花潭水入口服务区、桃花溪谷核心区、崮上桃园种植区、东汉崮景区、创意农业种植区、林果农业种植区、科技农业种植区、七彩崮园观光区、崮上观赏体验区。核心区域的五朵桃花造型综合体已经完成建设，它们分别是快乐芒果体验馆、航空航天主题馆、鱼菜共生体验馆、台湾风情馆及橘子布美学馆，能为人们提供高品质的体验服务。同时，尹家峪村还精心打造了雲水间精品民宿和雲悦游客服务中心。尹家峪田园综合体依托沂蒙山的秀丽山水，致力于打造未来田园的典范，力求成为齐鲁大地上最具影响力的农旅融合、景田一体、产村联动的田园综合体。

（2）运作模式

①提炼品牌升级方法

尹家峪田园综合体重视市场开发，坚持用市场化思维运营整个项目，强调做好线上平台推广、线下实地推广、微信网站推广、电视广播推广、产品包装推广，先后推出了微信公众号、头条号、抖音、快手等自媒体平台，制作了《梦回崮乡》微电影、《感恩尹家峪》《亲亲你的酒窝》歌曲及 MV、《走进尹家峪》和《临沂·尹家峪田园综合体》宣传片。

②探索乡村振兴发展新路

尹家峪田园综合体重视农民增收、农村发展，坚持社企一体、村社共兴，强调用有机的标准生产高端农产品、用可追溯的手段控制质量、用管理企业的理念发展现代农业、用互联网的思维营销市场，力求走出一条土地股权化、生产有机化、质量可追溯化、经营电商化、管理企业化、扶贫精准化和农旅一体化"七化一体"的乡村振兴新路径。

③实践多层分配收益模式

尹家峪整合项目地 20 个村庄，人口 2.3 万，7100 户，贫困人口 1000 多人，约 900 户，约 4 万亩（约 26.67 平方千米）的农民桃园，相关人员已对其进行社会化平台管理，实现社会化服务于农民，联合金融机构对桃园进行投资，实现资本运作，改良提升现有桃子品种，做到一年四季有桃。相关人员还对整合的桃园以企业、合作社、金融机构三方合作的模式进行统一管理、培训，对鲜桃通过不同渠道（鲜果市场、深加工企业、网络等）保底销售，不流转农民的土地，保障农民各项收入每年递增，保障贫困户稳定脱贫，并在此基础上做大做强桃产业，以促进桃产业链的稳步发展。

尹家峪田园综合体项目的成功实施不仅带动了当地相关产业的发展，如住宿、餐饮、手工艺等，还为当地居民提供了更多的就业机会，促进了乡村振兴。通过文旅融合，尹家峪田园综合体有效地传承和弘扬了当地的文化特色，提升了地区的文化软实力。

（二）平遥古城沉浸式演艺项目——《又见平遥》

1. 项目背景

平遥古城位于中国山西省，是我国现存的四座完好古城之一，也是中国首批被列为世界文化遗产的城市之一。可隔着 2700 多年的历史，人们可以走进平遥古城，却很难走近这座城，传统的旅游模式已经无法满足现代游客的旅游需求，那些尘封的历史，是人们与城之间最远的距离。为了进一步提升游客体验，推动文旅产业发展，平遥古城推出了沉浸式演艺项目——《又见平遥》。

2. 项目策划与开发

（1）策划理念

《又见平遥》以平遥古城的历史文化和民俗风情为创作基础，以山西历史文化、晋商特色、民族特色、山西人、事、物为表演主题，通过情景实演电影形式展现了山西和平遥古城厚重深邃的历史文化。

（2）开发过程

《又见平遥》历经 7 年之久，在山西省领导多次拜访及各个专业部门通力合作下，完成了概念策划、设计施工、运营推广，首次公演于 2013 年 2 月 18 日，是中国第一部室内情境体验剧，也是山西文化旅游的金名片。2017 年，平遥被评为晋中新地标，山西旅游演艺成为"室内沉浸式旅游演艺"的新标杆。

同时，为了满足游客的旅游度假和精神向往等多深入体验需求，平遥古城公司又通过将传统文化创新，开发了又见文化园的主题酒店群，打造了"酒店＋餐饮＋传统老字号商业区"的酒店模式，打造了全新的文旅体验，将文化与产业有机结合，成功打造了一个以演艺、酒店、餐饮、商业街区等产业板块为核心业态的文化产业园，为游客提供了多元化的文旅体验，带动了景区的经济效益。

3. 项目特色与亮点

（1）独特的沙瓦剧场

清风吹过黄土，土层慢慢剥离，露出了黄土之下的人家，露出了一片灰瓦，也露出了我们祖先的故事，露出了血脉的传奇，这便是《又见平遥》别具一格的创意——沙瓦剧场。它以黄土和灰瓦为主要语汇，通过绵延起伏的屋顶设计向人们展示着古城曾经的繁华与沧桑。而故意的下沉建筑，更表达了平遥人民对古城的那份敬意。

（2）震撼心灵的剧情

《又见平遥》讲述了一个惊心动魄的血脉传奇：平遥古城票号东家赵易硕散尽家产，远赴沙俄，要保回票号王掌柜家族的唯一血脉，同兴公镖局232名镖师同去。七年过后，赵东家本人连同镖师全部客死他乡，而王家血脉得以延续。

（3）"行走式"的观演模式

《又见平遥》首创了国内演出的观演模式——行走式，剧场内不设座席，没有舞台，观众边走边看，跟随剧情的发展变化，行走在不同的演出场景中。在这样的观演模式中，传统的观演关系被打破，演员深入观众中间，观众既是置身事外的看客，又是故事的亲历者。

（4）"穿越感"的情景体验

在这迷宫般的剧场里，有一场能让游客零距离触摸历史、零距离感受文化、零距离体验民俗的盛宴。游客可从当代到清末的历史穿越，体味生活在一百五十年前的平遥人如何用自己的勤劳智慧，在中国商业历史的舞台上，谱写着那样可歌可泣、非同寻常的华美乐章。人在戏中，戏中有人。观众时而被演员环绕包围，时而与演员高低互动。随着演出情景的变换，演员演绎着不同的角色，体味着"情景体验剧"带来的别样感受。

（5）震撼的声光电技术

全方位立体打造的声光电技术，带给观众超级震撼的体验，同时也带动了观众感情的强烈表达，或是悲壮、抑或是惊心动魄。

（6）淳朴的民俗文化

有着千年历史文明的古城平遥，也有着丰富多彩的民俗文化。人们见识到那时晋商家族选妻的传统习俗，赵家那一场选妻风光旖旎，令多少观众心旌摇曳。"面"是晋商大地最传统的文化符号之一，舞者以面述说故事，面则以舞尽展春秋。这不仅仅是一场面舞，更是舞者在用面演绎岁月，那里有感恩、缅怀和敬畏。

（7）文化的传承与传播

策马扬鞭在历史的征程中，从人们身边走过的是传承着中华民族文化的先人，尤其是有着晋商基因的先民，他们以一种强烈的、谦卑的精神信仰着诚信。《又见平遥》立足于文化的传承与传播，它化身为一座诚信的道场，诉说着那一段血脉传奇，延续着令世人推崇备至的、厚重的晋商精神与中华民族传统文化之精髓。

（8）响当当的创作团队

这部剧作由著名女导演——王潮歌担纲，携手印象团队倾情打造。印象团队作为我国大型情境演出的创始者、引领者，对《又见平遥》实现了新创意、新突破、新跨越。

《又见平遥》的成功运营，为平遥古城带来了显著的旅游收入增长，同时也拉动了相关产业的发展。通过演艺项目，平遥古城的历史文化和民俗风情得到了有效传播和传承，这增强了游客对古城文化的认知和尊重。项目的成功实施，为当地居民提供了更多的就业机会，同时也提升了平遥古城的品牌形象和城市知名度。

第四节　建设文旅产业服务队伍

一、文旅服务队伍

（一）文旅服务队伍的内涵与构成

在知识经济时代背景下，知识和信息的主要载体及最活跃要素——人才，是推动区域经济社会发展的首要资源，同时也是全球各地竞相争夺的焦点。在国外研究中，"人才"这一概念既涵盖了天生具备或本能特征显著、能力远超平均水平或拥有更高资质的天才型人物，也包括了非智力层面、通过后天培养在各专业领域形成高水平能力的人才。国内学者对"人才"的定义则主要分为两大视角：一是精英视角，它强调人才相较于普通人力资源所具备的高层次特性，将人才定义为可在智力、知识技能水平、素质、社会贡献等方面表现出超常水平，显著超越一般人的精英型人物。二是一般性人才视角，这一定义涵盖了人力资源中能力素质较高的劳动者，他们具备一定的知识或技能，能够从事创造性劳动并能对社会作出一定贡献。我们从以往国内外学者对人才内涵的界定可以看出，人才队伍可展现出层次性和梯度性特征，既包含了具有天赋的天才型人才和经过后天培养形成的精英型人才，也涵盖了数量众多、基础性较强的一般性人才。

文化和旅游业的高质量融合发展，其根本在于人才的支持。2009年，原文化部与原国家旅游局共同发布了《关于促进文化与旅游结合发展的指导意见》，该文件首次明确提出了"文化旅游人才"这一概念，标志着我国文化和旅游人才培养正式迈入了"融合"的新阶段。该指导意见强调，应积极培养和造就文化旅游人才，联合制定文化旅游人才培训计划，确立一系列文化旅游实践基地及文化旅游人才培养院系（或专业），并着力加强文化旅游人才的培训工作。根据市场需求和文化旅游产业发展实际，定期组织文化旅游从业人员业务培训，联合开展导游和讲解员培训，努力培育一支高素质、专业化的文化旅游人才队伍，这为文旅服务队伍建设提供了宏观政策指引。

文旅服务队伍既包括文旅融合各领域的策划规划、创意设计、经营管理、导游讲解、旅游教研等专业人才，也包括既懂文化专业知识又懂旅游专业知识、既懂文化管理又懂旅游管理的复合型人才。在文旅融合背景下，产业的内涵变革亟须创意创造、专业技术、经营管理、政府管理和公共服务、运营管理、作业服务等人才的供给；产业的环境变革则对创新创意型人才、科技型数字技术人才发展提出了新要求。当前文旅融合发展急缺的八类人才：一是熟知文旅产业特征并懂得融合之道的管理人才；二是热爱文旅项目并真心想做的决策人才；三是懂文化和旅游产业特点及市场需求的创意策划人才；四是跨界发展的复合型领军人才；五是具有实战经验和实操能力的规划团队；六是懂得商业模式创新、业态创新、金融创新、科技创新及资本运作与文旅联动的专业人才；七是大量面对消费者的管理人员和服务人员；八是对项目实施的监理、服务监测评估及行业专项培训的专业人才和机构。

基于上述观点，文旅服务人才类型众多，归纳起来主要包括创新文旅融合内容及形式的创新创意人才、促进文旅产业经营效能提升的经营管理人才、致力于优化文旅融合政策环境的公共管理人才；以及致力于保障文旅融合项目设施有效运转的各类配套服务人才。而文旅服务队伍则指上述人才的有机集成，是一支具备文化与旅游两方面专业知识、层次结构合理的复合型人才队伍。

（二）文旅服务队伍建设的重要性与路径

1. 文旅服务队伍建设的重要性

当前，学界已普遍认识到人才的价值与重要性，并一致认为人才发展与区域经济社会发展之间存在着积极的相互作用关系。一方面，人才发展与产业集聚、区域经济发展间的双向联系已得到广泛认同。众多学者指出，人才集聚不仅会受到产业集聚所带来的高收入与丰富机会的强烈吸引，同时，它也作为产业集聚的关键因素，促进了专业人才的集中、知识的交流与更新及技术的扩散，进而推动产业进一步集聚和地区的加速发展。另一方面，人才集聚与人才质量的提升，以及区域社会发展水平之间，也存在着显著的双向影响。有学者指出，人才流动受到多种社会因素的共同影响。佛罗里达教授强调，集聚地对人才的包容态度、娱乐基础设施的完善及浓厚的生活氛围等社会发展因素，在吸引人才集聚并激发其创造力方面发挥着重要作用。同时，人才的发展是推动区域城市化进程和一体化发展的重要力量，人才集聚可显著增强社会系统内部各单位间的相互作用，从而有效降低社会成本。因此，一个区域若要实现经济与社会的飞跃式发展，就必须全力以赴地留住本地人才并吸引外地人才，以扩大人才规模与总量。

文旅服务人才对于文旅融合发展的作用，同样得到了学界的关注。比如，张栋认为，文化旅游资源开发的关键性影响因素是资本、技术和人才，而人才是其中最稀缺的要素。在文化旅游资源转化过程中，人才的作用主要表现在他们能让资本转化的效率最高、技术手段的运用最恰当、文化元素的展现最充分，以及可实现文化旅游产品的价值最大化。总的来说，文旅融合的各个重要环节，即服务空间建设与运营、服务平台的打造与集成、服务项目的创新与优化、服务受众的满意度提升、服务制度的制定与完善，都离不开服务主体，即文旅服务队伍的多层次支撑。

2. 文旅服务队伍建设的研究进展

那么，什么因素会影响文旅服务人才的流动和集聚？如何评价文旅服务队伍的建设成效？文旅服务队伍建设应当重点关注哪些途径？一系列问题都有待学界、政府有关部门及文旅服务主体的系统研判。第一，根据国外人才经济地理理论，经济因素（如收入水平、就业机会、消费水平、产业发展水平等）、区域制度环境（如政府规划与政策等）、区域人才环境（如服务业发展水平、大学规模、社会宽容度等）都是吸引人才流入和区域集聚的影响因素；第二，根据国内人才发展评价研究，人才规模与结构（人才存量、流量、学历结构等）、人才效能（人才经济贡献、科技贡献等）、人才环境（自然、市场、经济、文化、社会、生活、政策等环境）是评价区域人才发展综合水平的主要维度。以往丰富的人才研究为解释文旅服务人才的流动集聚动因、评估文旅服务队伍建设的过程和结果成效提供了思路借鉴。中共中央印发的《关于深化人才发展体制机制改革的意见》系统围绕推进人才管理体制改革、改进人才培养支持机制、创新人才评价机制、健全人才顺畅流动机制、强化人才创新创业激励机制、构建具有国际竞争力的引才用才机制、建立人才优先发展保障机制、加强对人才工作的领导等展开了政策创新，为各行各业人才队伍建设提供了重要的意见指导。文旅服务队伍建设，自然也离不开人才引进、人才培养、人才评价、人才激励、人才平台建设与环境营造等环节的资金投入、政策创新和服务优化。

目前，在文旅融合时代背景下，文旅服务队伍建设的路径举措在理论和实践两个方面均得到了快速推进。在实践方面，各地及时抓住文旅融合发展机遇，聚焦文旅服务队伍建设，进行了多种实践探索。2019年，山东省高等教育人才研究会文化和旅游人才专业委员会作为全国首个文旅人才专业组织正式成立。该组织力求重点做好三方面工作：一是发挥智库作用，为地方文化事业和文旅融合发展提供高端智力支持；二是搭建政府、企业、科研机构和高校交流合作的人才发展平台；三是加强文旅人才培训工作，支持高校文旅人才培养和专业建设。总体上，这对于加强地方文旅人才队伍建设、推进实施新旧动能转换具有重要意义。黄山区重点聚焦了文化旅游行政管理人才、文化旅游经营管理人才、乡村旅游从业人员、导游员、文化旅游新业态人才等五支人才队伍建设，通过多种形式的能力与技能培训、强化校企校地合作、加快人才供需预测和信息库建设，多措并举，及时补齐了地方文旅服务人才发展短板。另外，为强化人才集聚，浙江省修订了4个系列20多个门类的职称评价体系，打破了学历资历限制，并依托"文旅创新团队""文化和旅游厅优秀专家""111人才计划"等培育项目，建立了浙江省文化和旅游系统专家库和拔尖人才库。

在理论方面，学界立足文旅服务队伍的重点人才类型，从人才培养、人才引进和管理、人才环境建设、人才评价与选拔等角度展开建设路径研究。比如，聚焦公共数字文化服务人才队伍建设问题，有学者提出了完善公共数字文化服务人才培养政策和相应规划、制订长期而详细的数字化服务人才培养方案、开展多种渠道的培养方式、引导社会力量和志愿者参与人才建设、建立人才培养评估体系等五大对策建议。刘爽在明确"创能"人才培养定位（旨在如何破解"懂文化的不懂经营""懂经营的不懂文化"的难题）的基础上，构建了"以文化创意产业市场需求为导向的艺术设计专业人才培养体系"，即"优化专业课程结构体系，培养具有'文化创意＋经营管理'的综合型'创能'人才；构建'工作室＋活项目＋科研平台'多元的文创平台；在实战中检验教学效果，采取'导师＋业师＋社会'多元评价方法；建设具有创意教育能力的专兼职教师队伍"[1]四大策略。陈佳靓借鉴伦敦和上海文化创意人才培养的先进经验，提出"坚定文化自信，鼓励全民参与；坚持产学研，完善培训机制；坚持海纳百川，重视本土育人"[2]三大人才培养理念。总体上，当前学界对文旅服务队伍建设的路径举措研究仍停留在针对单一人才类别的人才培养体系构建上，较少探究其他人才发展体制机制的创新，其讨论的范围和深度相对有限，缺少进行系统性研究。

（三）文旅服务队伍建设面临的问题与挑战

当前阶段，我国各地的文旅服务队伍建设仍处于探索之中，主要以市场主体、高等院校及各类行业组织自发组织的形式进行，但其重要性和建设路径尚未引起

---

① 刘爽，孙海涛. 文化创意产业内涵与"创能"设计人才培养 [J]. 文教资料，2018（31）：41–42.

② 陈佳靓. 国内外城市文化创意人才培养探究——以伦敦和上海为例 [J]. 教育现代化，2019，6（57）：17–19.

各界的广泛关注与重视。

1. 文旅服务队伍建设的理论研究不足

当前，国内关于文旅服务人才的专门研究仍较为匮乏，尤其在其内涵与类型、建设现状与成效、具体建设路径方面，学者的研究仍多聚焦于文化人才和旅游人才队伍建设，尚未形成综合探讨。对于文旅服务人才的概念界定、特征分类、发展规律、建设所取得的成效及相应对策，理论界尚未能提供清晰系统的学理分析，因此他们难以为实践提供有效的参考和指导。

2. 文旅服务人才的培养体系尚未系统构建

当前，我国文旅服务人才的培养主要由各类院校、各级文化与旅游部门及多样的文化与旅游组织及机构共同承担。这些组织机构在文旅服务人才培养方面各有侧重点。例如，中央文化和旅游管理干部学院（中共文化和旅游部党校）作为文化和旅游部的直属干部教育培训机构，主要侧重于对各级各类文化和旅游干部的教育培训工作；而济南大学、河南大学等高校则通过设立文化与旅游学院或文化旅游专业，致力于培养能够适应旅游文化相关部门实际工作、快速融入管理和服务一线岗位的文旅服务人才；同时，市场化、社会化的文化与旅游机构、行业协会等组织则更加关注于提升现有人才的文旅融合能力及创新创业能力。虽然我国目前已经形成了差异化的人才培养主体格局，但在各人才培养主体的有效衔接与职能整合方面，我国仍存在不足，多元协同的文旅服务人才培养平台尚需进一步构建，市场导向的文旅服务人才培养机制也需进一步创新。总体来看，我国文旅服务人才的供应量相对不足，高层次领军人才的培育仍显薄弱。

"文旅融合"与创意、技术、经营、政策、服务等要素的多种排列组合，导致文旅服务人才的类型日益多样化、复合化。如何立足地方实际与特色定位、有效整合和利用政府与市场两方面资源要素、创新人才发展体制机制，构建一支数量充足、结构合理、全面服务文旅融合发展的人才队伍，是文旅服务队伍建设亟须回应的关键问题。

二、建设文旅服务队伍的思路

优化文旅服务队伍建设的策略，主要依赖全方位、多层次的人才引进、培育、评估及激励机制，其核心目标是实现队伍结构的最佳配置，这包括年龄、专业、层级以及来源的多元化优化，旨在构建一支规模适度、结构合理、能够全面适应文旅融合发展需求的高素质人才队伍。

（一）基于人才发展理论的文旅服务队伍建设创新

依据人才发展理论，文旅服务队伍的建设依赖人才引进、评价、培育、激励等环节的政策优化、体制机制革新及配套服务的完善。首先，对于文旅服务队伍中的高层次人才，例如知名艺术家、文化与旅游领域的专家学者及高级文旅产业经营管理人才，我们不仅要注重本地培养，还需拓宽视野，放眼国内与国际，采用具有竞争力的人才引进策略来吸引并集聚他们；其次，针对不同专业背景与层次的文旅服务人才，我们必须采取科学分类的人才评价标准与方法，以客观衡量他们的贡献与潜力；再次，为了顺应人才发展规律及满足人才自我提升的需求，我们应有效整合政府与市场两方面的人才培养资源，加速构建一个包含企业、行业协会、高校及研究机构、政府文旅部门及市场化人才培养中介等多主体的文旅服务人才培养平台，同时要创新个性化的人才培养机制，这是塑造文旅服务队伍内在活力与自我更新能力的关键途径；最后，为了激发文旅服务人才的积极性，我们需要实施多样化的激励机制，主要包括物质激励与精神激励，这些激励手段应根据人才的具体需求进行差异化设计。

（二）匹配战略需要的文旅服务队伍建设目标细化

文旅融合发展离不开"梯队化"的文旅服务队伍建设。文旅服务队伍的建设目标重点包括人才队伍数量、人才队伍结构与人才队伍效能三个方面。其中，最核心的是致力于人才队伍结构的优化。文旅服务队伍的人才结构主要包括四个维度：第一，年龄结构。即文旅服务队伍的老、中、青年人才比重要趋于平衡，其中，青年人才的比重不能过低。第二，专业结构。即文旅服务队伍中文化、旅游、经营管理、科技、创意策划、政策规划、基层服务等专业人才结构应趋于合理，其中，掌握多种专业知识技能的复合型人才比重不宜过低。第三，层次结构。文旅融合的内容创新与技术革新的关键在于高层次人才，而高层次人才的创新创业活动又离不开各层次人才的辅助与配合，因此，文旅服务队伍中顶尖人才、行业领军人才、高技能人才、基础配套人才的结构应趋于优化。第四，来源结构。文旅服务队伍的最大特点是人才来源广泛、全职与兼职并重，文旅服务队伍中来自政府、社会团体、企业、市场机构及群众的比重应趋于均衡，以确保文旅服务队伍来源的多元化，这既有助于增加文旅服务队伍的活力，也有助于保障文旅服务队伍数量的稳定性。

三、建设文旅服务队伍的实践

（一）北京市文旅人才培训基地

北京市设立了文旅人才培训基地，专为文旅行业工作者提供全面的培训和深造机会。该基地依托专业培训课程、实战演练及行业交流，致力于提升文旅从业者的专业能力和服务水平，为北京市文旅行业培养并输送了大量经过专业训练、具备卓越专业素养的服务人才，显著增强了文旅服务的质量和水平。其培训紧跟"文旅融合"的时代趋势，聚焦于区域文旅融合发展前景、新农村建设及乡村旅游等领域，精心设计课程，并多次沟通协调，邀请了包括北京市文化和旅游局、北京市农村经济研究中心、北京市青年旅行社及北京第二外国语学院在内的行业专家进行授课，内容涵盖前沿理论知识与实地观摩考察。参训学员将依据行业领域被划分为旅游景区、旅游饭店、乡村民俗旅游、旅行社及乡村民俗旅游特色业态等专题班，并接受相应的专题培训。培训还特别关注当前热点，设有热点必修模块，主要涵盖夜游经济、IP 塑造、大数据营销等行业热点议题，这将提升旅游服务品质，助力旅游高素质人才队伍建设，从而为旅游产业的健康快速发展提供坚实的人才支撑。

依据《北京市文化创意产业人才培养基地认定和管理办法（试行）》，经过申报征集、材料初审、评审打分、实地考察及评审认定五个环节，北京市国有文化资产监督管理办公室最终确定了 10 个单位为首批"北京市文化创意产业人才培养基地"。这 10 个单位分别是：中国传媒大学、北京电影学院、北京服装学院、北京邮电大学、中央财经大学、北京洛可可科技有限公司、北京汇众益智科技有限公司、北京瀚海润泽科技孵化器有限公司、外语教学与研究出版社有限责任公司及北京朝阳传媒影视技术服务中心。

北京市文旅局于 2023 年 11 月组织开展了文旅人才发展工程（原京郊百千万人才工程）培训。该项目以"实训教学＋直播教学＋平台教学"的总体思路开展，基础授课部分采取线上录播课进行，实训教学采用现场互动和直播互动的形式进行，课程内容覆盖"文旅消费新业态培育专题""数字文旅新科技专题""特色美食赋能与提升专题""京郊民宿提质升级专题"等方向；共安排17门直播课程、18门录播课程，总计100余学时的系统培训，且特邀请专业领域教授、资深行业管理者和企业佼佼者倾情讲授。

（二）云南省丽江市文旅人才培养计划

丽江市拥有丰富的文旅资源，近年来着力打造"舍不得的丽江"城市品牌，旨在推动文旅产业迅速发展。丽江市实施了"高端人才领航、重点人才培优、行业人才强基"三项工程，并建设了文旅人才培养基地和"文化名家工作室"。通过引进文旅领军人才、组建文旅发展智库等方式，丽江市全面提升了文旅服务队伍的专业素养和服务能力。

"万名文旅人才"专项培养计划由丽江市文化和旅游局、丽江市人力资源和社会保障局、丽江市财政局组织，旨在提升文旅从业人员职业技能，培养造就一支高素质、专业化的文旅管理人才队伍，以保障专业人才供给，提高本市旅游业的管理水平与服务品质，守护好丽江旅游业的"金字招牌"。专项培养计划标志着丽江更进一步地迈向世界文化旅游城市。

"万名文旅人才"专项培养计划采取"分类实施、送学到县、技术帮扶、自主评价"模式，以提升职业技能等级为重点，以导游、讲解员、客房服务员等涉旅工种为主要培训对象，旨在强化文旅从业人员的实际操作技能、综合职业素质培养，红色旅游、博物旅游、研学旅游、党史学习教育等内容将贯穿培训全过程。丽江市已成功引育了包括文创设计师乔小刀、导演和志军等知名文旅领军人才，并通过他们的影响力和专业能力，为丽江文旅产业的发展注入了新的活力。例如，"荒野之国"项目在2022年接待了超过3万人，门票收入超过100万元，成为丽江文旅产业的新地标。

为应对旺季时从业人员短缺等挑战，丽江市积极对接各类企业的用工需求与求职者的就业需求，并通过精准匹配人力资源供需，采取诸如举办民宿行业专场招聘会等具体措施，有效缓解了民宿行业的招工难题。在丽江市民宿行业专场招聘会上，超过50家优质精品民宿为求职者提供了包括管家、前台、主播、网络运营、视频推广等在内的近200个工作岗位。同时，有60余家企业通过线上直播参与招聘，最终达成求职意向的人数超过60人。

针对从业人员专业素养参差不齐、人才引进困难等问题，丽江市借助讲座、远程教育、基层党校、培训研讨会等多种方式，逐步完善了人才培训体系，为民宿经营者提供了发展规划和发展思路的清晰指导。丽江市还实施了"八个一百"人才工程，选拔了一批民宿酒店人才，为他们每人每年提供4000元的特殊生活补贴和6000元的培养经费，以此推动人才的引进和培养。此外，丽江市还开展了由党建引领的旅游民宿行业高质量发展技能培训，培训人数超过2200人，并在丽江职业技术学院开设了民宿管理与运营专业，招生130人，专注于培养具备民宿接待与服务、数字化营销、运营管理等综合能力的民宿专业人才。

参考文献

[1] 洪银兴，高培勇. 新质生产力 发展新动能 [M]. 南京：江苏人民出版社，2024.

[2] 黄群慧. 读懂新质生产力 [M]. 北京：中信出版社，2024.

[3] 林毅夫，王贤青. 新质生产力：中国创新发展的着力点与内在逻辑 [M]. 北京：中信出版社，2024.

[4] 王一. 动漫 IP 助力文旅产业发展的实践研究 [M]. 北京：中国戏剧出版社，2023.

[5] 乔静. 文旅融合视域下文化资源与旅游产业的耦合发展研究 [M]. 北京：经济科学出版社，2022.

[6] 邓兴兴. 智慧城市背景下 AR 动画在文旅产业中的应用研究 [M]. 长春：吉林大学出版社，2022.

[7] 潘丽丽. 文旅融合：理论探索与浙江产业发展实践 [M]. 杭州：浙江工商大学出版社，2021.

[8] 张瑞智. 文旅融合中的旅游演艺产业化研究 [M]. 北京：北京工业大学出版社，2021.

[9] 周娟. 文旅产业融合研究 [M]. 哈尔滨：北方文艺出版社，2023.

[10] 吴必虎，聂委光. 文旅产业的韧性与创新 [M]. 北京：中国旅游出版社，2020.

[11] 厉新建，曾博伟，张辉，等. 新质生产力与旅游业高质量发展 [J]. 旅游学刊，2024，39（5）：15-29.

[12] 高姣姣. 文旅产业发展与生态保护协同推进研究——以徽县为例 [J]. 甘肃农业，2024（1）：101-107.

[13] 王佳俊，青海大学. 乡村振兴视域下民族地区乡村文旅产业融合发展的路径研究 [J]. 甘肃农业，2024（1）：89-95.

[14] 潘怡，曹胡丹，封慧.新时代我国体文旅产业融合发展：逻辑、模式、问题与路径 [J].山东体育学院学报，2024，40（1）：70–79.

[15] 胡子洋.网络赋能，推动文旅产业发展提速 [J].市场周刊，2024，37（2）：85–89.

[16] 陈昱.文化创意驱动文旅体融合发展的维度与路径研究 [J].北京文化创意，2023（6）：4–9.

[17] 深入推动产业数字化，加快形成新质生产力 [J].通信企业管理，2023（10）：3.

[18] 张林，蒲清平.新质生产力的内涵特征、理论创新与价值意蕴 [J].重庆大学学报（社会科学版），2023，29（6）：137–148.

[19] 王英杰，田敬瑜.从三个方面深入领会和把握"新质生产力" [J].共产党员（河北），2023（19）：32–33.

[20] 徐晓明.加快形成新质生产力增强发展新动能 [J].共产党员（河北），2023（19）：34–35.

[21] 宋业凯.文旅融合对中国式现代化建设的影响研究 [D].杭州：浙江科技大学，2024.

[22] 袁丽彬.数字经济与文旅产业融合发展研究 [D].大连：东北财经大学，2023.

[23] 姜楠.文旅融合背景下淮安市旅游高质量发展对策研究 [D].大连：辽宁师范大学，2023.

[24] 孙鸣桧.数字技术赋能我国民族地区文旅产业发展研究 [D].成都：四川省社会科学院，2023.

[25] 张东鸣.技术创新对文旅产业融合发展的促进效应及影响机制研究 [D].郑州：河南大学，2023.

[26] 吉竞.乡村振兴视域下公共文化服务与旅游融合发展对策研究 [D].石家庄：河北师范大学，2023.

[27] 肖莹超.文旅产业创新效率测度及其影响因素 [D].郑州：郑州大学，2022.

[28] 张文进.中国文旅产业与生态农业融合的时空分异及影响因素研究 [D].长沙：湖南大学，2022.

[29] 庄明慧.文旅融合产业发展评价体系构建与应用研究 [D].上海：华东师范大学，2022.

[30] 吕妹园.文旅产业融合度分析关键技术研究 [D].邯郸：河北工程大学，2021.